ビジネスは手帳で変わる

一冊の手帳がビジネスを成功へ導く！

フランクリン・コヴィー・ジャパン著

フランクリン・プランナー　ビジネス実践編

はじめに

皆さんは、ビジネスで成功するために、具体的にどのようなスキルやツールを活用されているだろうか?

これまでさまざまな「フランクリン・プランナー」の活用術を紹介してきたが、本書は、いかにビジネスにおいて「手帳（フランクリン・プランナー）」を活用し、成果を生むことができるかを紹介するものだ。しかし、ご存じのように、ビジネスにおいて仮に一時的な成功を得ることはできても、長期間にわたる成功を得ることはとてつもなく困難なことだ。では、少しでも長い期間にわたって成功を続ける秘訣は何だろうか?

それは、「貢献」にある。

ビジネスの目的は「売り上げや利益を上げること」というのが一般的な答えだろう。しかし、これは単なる結果であって、目的ではない。ビジネスの目的を一言でいえば、どのような「貢献をするか」ということであろう。

大切なことは、あなたがビジネスを通じて、顧客や組織に対しどのような価値を提供できるかであり、その結果として、企業は収益を上げることができ、あなたはサラリーを得ることができる。つまりビジネスとは、他人に貢献することで満足を得ることが目的といえる。こうした視点を欠いたビジネス・パーソンが、長期間にわたって成功することはないだろう。

さて、あなたは、今の仕事、会社・組織でどのような貢献ができるだろうか。単に目標を達成したり、スキルやテクニックを磨いたりするのではなく、利害関係者（会社や組織、上司、部下、あなた自身など）のニーズや要求、なすべきことを認識し、それに対し自ら何ができるのかを考え、明確にしていくプロセスこそが、あなたのビジネスを発展させ、あなたの人生全体を真に豊かなものへと導くカギとなる。

本書はフランクリン・プランナーを活用し、そのプロセスを一つひとつ踏まえながら、あなたのビジネスにおける「大切なこと」を明らかにする。そしてビジネスに必要不可欠な効果的なタイム・マネジメントとプロジェクト・マネジメント、コミュニケーション、そして長期間の成功を実現するワークライフバランスを紹介する。本書が、あなたのビジネスの成功を少しでも支援できれば幸いだ。

2007年10月

フランクリン・コヴィー・ジャパン株式会社

第2章　成功するプロジェクト・プランニングとマネジメント

第4章　ビジネスを成功させるコミュニケーション

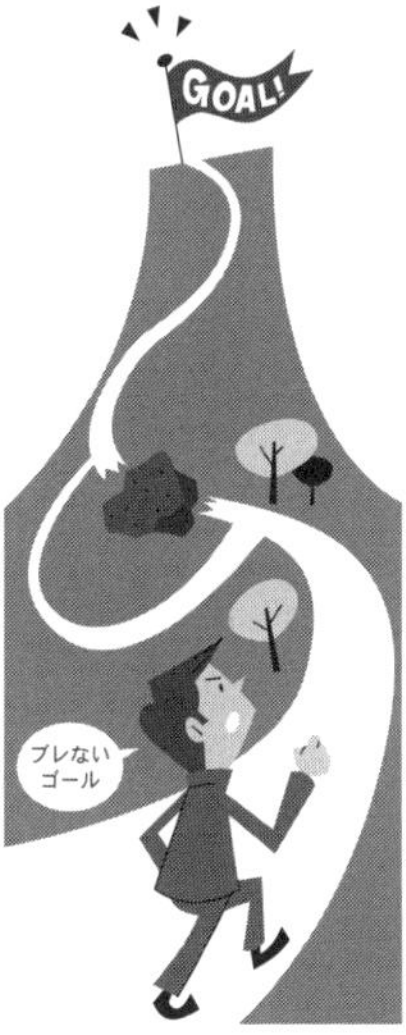
GOAL!
ブレないゴール

第1章

ビジネスを成功に導く
コントリビューション・ステートメント

仕事とは「貢献すること」

人生80年、週休2日として、一生の中で仕事時間が占める割合はどのくらいだろうか? 「24時間闘う」ほどの猛烈社員でも3割、通常は2割程度に過ぎないとの調査結果がある（フランクリン・コヴィー社調べ）。意外に少ないものなのだ。

しかし、この人生の2～3割を占めるに過ぎない「仕事」は、私たちの人生に最も大きな影響を与え、私たちを成長させてくれる。仕事というものは多くの利害関係者に価値を提供することで成り立つものであり、他人の役に立つことで、初めて収益を得ることができる。どんな優秀な人でも自分の思いだけで仕事を完遂することはまずできないし、利害関係者と協働し、そのニーズを満たすことが不可欠であり、その結果として周囲への「貢献」を図ることが可能となる。そして、私たちは仕事を通じて他人に影響を与え、他人から影響を受けながら、成長を続けていくことができる。

その意味で、仕事は生計を立てる手段だけでなく、あなたの人生において極めて大きな意義を持ったプロジェクトといえる。そして、「貢献」することで、その意義が満たされる。なぜ仕事をするのかを考える際、「貢献」という視点はあなたのワークスタイルを大きく変えるに違いない。

フランクリン・コヴィー・ジャパンで講師を務める竹村富士徳氏は次のように話す。

「仕事の目的を考えるには、自分自身のニーズ、そして利害関係者の自分に対するニーズを探るとわかりやすいと思います。自分のニーズは自身の価値観に基づき、自分に求められるニーズは果たすべき役割に基づきます。この2つの重なった部分が、あなたの取り組むべきミッションとなります。自身のニーズの充足は満足感をもたらし、自分に求められるニーズの充足は周囲への貢献につながります。私たちは、実際にはこの両極の間で一生を送ることになります。自分のニーズのみに従うと、独りよがり、わがまま、自己満足に陥り、自分に求められるニーズのみに従うと、ストレス、欲求不満がたまります。仕事においては、自己満足以上に他人に対する貢献が大きな要素を占めることを理解しなければなりません。貢献とは自己犠牲と考えがちですが、真の貢献は心の安らぎと満足をもたらします。あなたが行える貢献について明らかにするには、コントリビューション・ステートメントを考える必要があります」

コントリビューション・ステートメントとは？

コントリビューション・ステートメントとは、仕事での貢献を明らかにしたものであり、それは仕事におけるミッション・ステートメントといえる。ミッション・ステートメントとは、自分が最も大切だと思うことを実現するための道しるべとなるものであり、いわば自分自身の憲法といえる。したがって、コントリビューション・ステートメントは、仕事を通じてどのような貢献を行うことができるかを明らかにした文書なのだ。

コントリビューション・ステートメントを考えるための視点について、竹村氏は次のように話す。

「貢献とは、ニーズ、才能、良心、情熱という4つの側面から考えることができます。たとえば、ガンジー、マザー・テレサ、ヒットラーの3人は、ニーズ、才能、情熱は共に人より秀でていました。しかし、ホロコーストを行ったヒットラーは良心に欠けていました。どんなに才能、情熱があっても、良心がなければ評価はされないのです。昨今の政治と金の問題を見てもそれは明らかでしょう。どんなに才能や情熱があっても、良心に基づいた行動をとらなければいつかは破綻します。

また、あなたには、MUST（しなければならないこと）、CAN（できること）、WILL（やりたいこと）があると思います。コントリビューション・ステートメントを考えるには、それぞれをリストアップしてください。それらの重なるところがあなたの貢献すべき事柄となります。貢献することで永続的に影響力を及ぼすことができるのです。

貢献は代償を求めません。それで得られるのは心の安らぎです。結果として利益を得ることはできますが、利益を得ることが目的ではありません。この点で、ギブ&テイクとは決定的に異なります。ギブ&テイクは自分が与えることと引き換えに、相手からも報酬を得ることが目的です。ギブ&テイクによって短期的な成功を得ることはできますが、長期間にわたって高い効果を発揮することは難しい。それは真心の込もったもてなしを行うことで顧客満足度が高まり、ファンとなってもらうことで長期間の取り引きができるようになることと同じです。貢献しなければ成果は得られません」

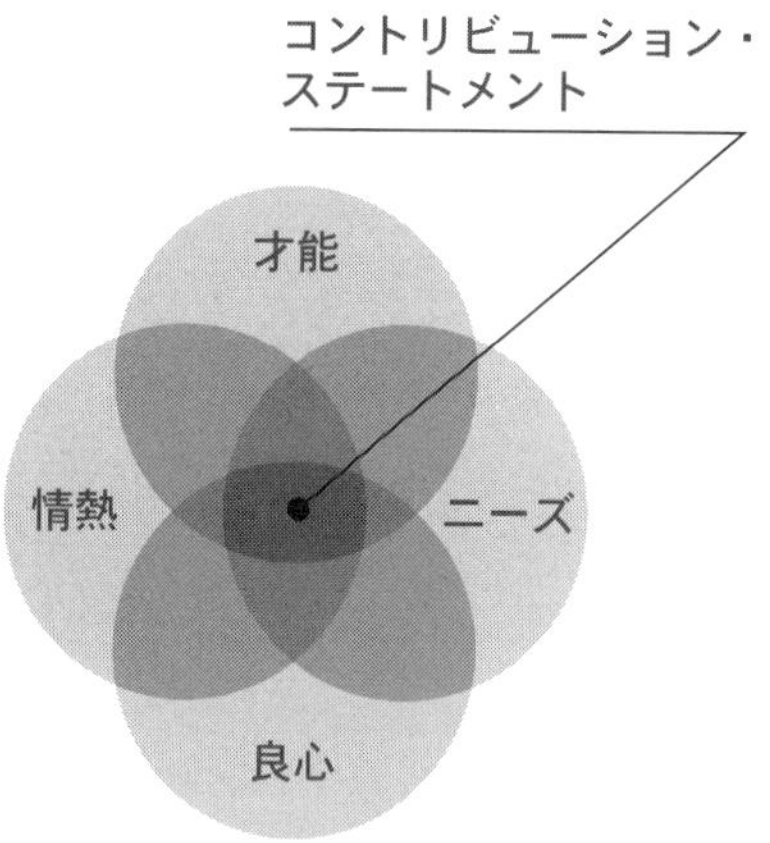

あなたのビジネスの目的は何か？

ビジネスの目的は、モノやサービスを顧客に提供して、「売り上げや利益を上げること」というのが一般的な答えだろう。もしあなたが営業であれば、「売り上げを達成すること」が目的だと考えているかもしれない。あるいは新規顧客開拓のために、「飛び込み営業によって100社開拓をする」「インターネットビジネスで10億円の売り上げを上げる」ことなどが目的と思っているかもしれない。

しかし、これは単なる結果や目標であって、目的ではない。では、ビジネスの目的とは何なのだろうか？　一言でいうとどのような「貢献をするか」ということになる。貢献とはあなたのビジネスを通じて、顧客や組織に対し、どのような価値を提供できるかであり、その価値の対価として、会社は収益を上げ、あなたも収入を得るのだ。

さて、あなたは、今の会社・組織でどのような貢献ができるだろうか。

ビジネスにおける貢献とは、単に目標を達成したり、スキルやテクニックを磨くというようなことではない。あなたのビジネスの環境において、利害関係者（会社や組織、上司、部下、あなた自身など）のニーズや要求、なすべきことを認識し、それに対し自ら何ができるのかを考え、明確にしていくプロセスを通じてしか道は見えてこない。そのためには、まず「すべてのものは二度つくられる」という原則について考えることから始めてみよう。

ビジネスの
目的は貢献！
売り上げや
利益確保
100社
開拓！

ビジネスにおける第一の創造と第二の創造

「すべてのものは二度つくられる」

まず「こういうものをつくろう」「こんなふうにつくろう」「こんな仕上げを施そう」という具合に設計図をつくり（知的創造）、その後、設計図に従って実際につくる（物的創造）。知的創造が第一の創造であり、物的創造が第二の創造となる。

これは形あるものをつくる場合を考えればよくわかる。いろいろなニーズに対し設計図が描かれる（第一の創造）。この作業がすべて終わるまでは製造（第二の創造）にとりかかることはない。そうでなければ第二の物的創造において、想像していたものと違うものができ上がってしまうからだ。

誰でも何かをつくるときには、このように設計図やレシピを用意する。しかし、ビジネスにおいてはどうだろうか？　ビジネスでいう第一の創造とは「これから行う仕事」の目的を明らかにし、最終イメージを明確にすることだといえる。上司の指示にただ従うだけになっていないか。その仕事の最終的な目的や完成図を確認することなく、仕事を進めてはいないか。また、何の疑問も抱かずにただルーティンワークをこなしているだけの仕事になっていないか。第一の創造を行ったうえで、第二の創造を行っているだろうか。

このような質問をすると、「半期（四半期）で目標を設定し、その目標を達成するために計画を立てて実践している」「お客様の課題を解決するためにソリューションの提案を行っている」というように反論されるかもしれない。

しかし、「あなたの現在の役割において、どのような貢献をするために仕事をしているのか」「現在の所属する組織に対し、あなたが貢献できることは何か」といった質問に対して、あなたはきちんと答えることができるだろうか。

あなたのビジネスにおける「第一の創造」はここからスタートする。

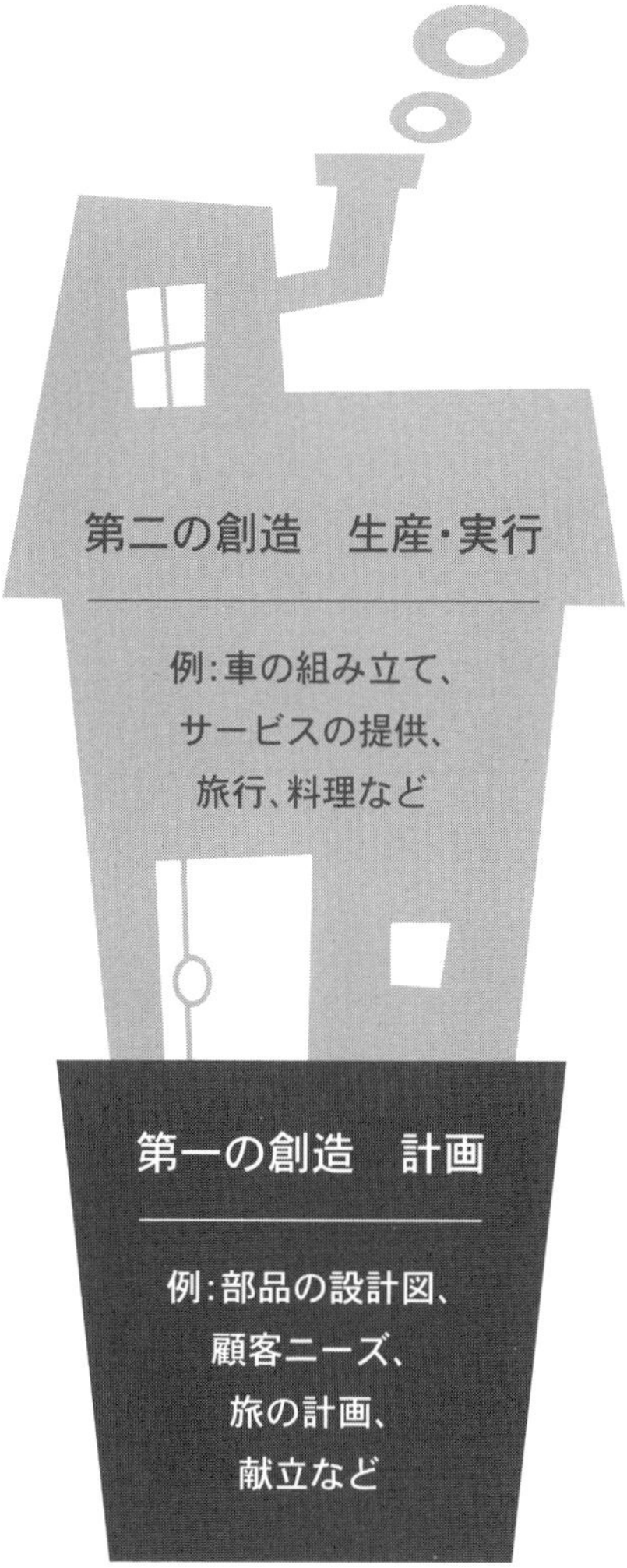

戦略はあくまで手段である

ビジネスの目的は貢献であり、それはあなたが所属する組織（あるいは関係する会社）、あなた自身、顧客の三者が満足を得ることでもある。それを実現するために用いるものが戦略となる。いずれの満足が欠けてもビジネスは継続できないが、なかでも顧客の満足が得られなければモノやサービスが売れず、そのビジネスはすぐに成り立たなくなる。その意味で中核となる戦略は、いかに顧客に価値を提供し、顧客の成功に貢献するかにある。

ただ、顧客に貢献するという目的は変わらないものの、それを実現するための戦略は激しい状況の変化、顧客ニーズの多様化、そしてあなたの能力などで変わってくる。

戦略は刻々と変化していくものだ。

戦略に固執するあまり、目的を見失ってしまうことも少なくない。目的を見失った戦略は失敗する。たとえば、いくら安価なものを素早く提供しても（戦略）、顧客の求める機能（たとえば安全や快適性・利便性）を満足させなければ（目的）、ビジネスは成り立たない。多少価格は高くても安全なものを迅速に提供（戦略）したほうが成功する。つまり、戦略は目的を実現するための手段にすぎない。

会社や自分が所属する部署の戦略の変化についていけないと嘆く人は、「戦略とは変化するもの」ということを考える必要がある。こうした目的と戦略の関係は、ビジネスだけでなく、あらゆるプロジェクト、そしてあなた自身の夢の実現にも共通するものだ。まず、目的を考え、次に目的に到達する手段（戦略）

を考えることが成功への近道となる。そして、一度決めた戦略は絶対ではなく、状況と与えられた条件に応じて変化させなければ成功はおぼつかない。

さらに、利害関係者の中には、「自分」も含まれていることを忘れてはならない。顧客や上司のニーズだけを重視していては、本当の意味での「充足感」を得ることは難しいだろう。あなたの心の中にある「価値観」を明確にし、あなたの組織や顧客のニーズとの一線化を図る必要があることを忘れてはいけない。

リーダーシップとマネジメント

「第一の創造」と「第二の創造」は、「リーダーシップ」と「マネジメント」に置き換えることができる。

リーダーシップとマネジメントと聞いてすぐに思い浮かべるのは、職種としての「リーダー」や「マネージャー」かもしれない。どちらも何人かの部下を率いてノルマや目標を達成することが仕事で、あまり違いはなさそうだ。

マネジメント層＝経営層というイメージからすると、マネージャーのほうが上位だと感じる人もいるだろう。しかし、「リーダーシップ」と「マネジメント」は、全く意味が違うものだ。たとえば、あなたは今、会社のいろいろな仕組みの中で仕事をしているが、その仕組みそのものをつくり上げた人がいるはず。そうしたシステムをつくる人をリーダーと呼び、組織の中で方向性を示すコンパスのような役割を果たす。一方、そのシステムの中で働く責任者をマネージャーと呼び、物事が正確に行われているかを管理する時計のような役割を果たしている。

しかし、リーダーシップとマネジメントは役職ではなく、あなた自身の役割や能力にかかわるものだ。いずれか1つがあればいいというわけではなく、ビジネスを遂行するには2つとも不可欠な能力だ。ビジネスにおいて、長期的な成功を勝ち取るために必要なこと、それがまさにリーダーシップだ。多くの人は、目に見えるマネジメント能力の強化には熱心だが、リーダーシップについては自分とは無関係と考えがちなことが多い。

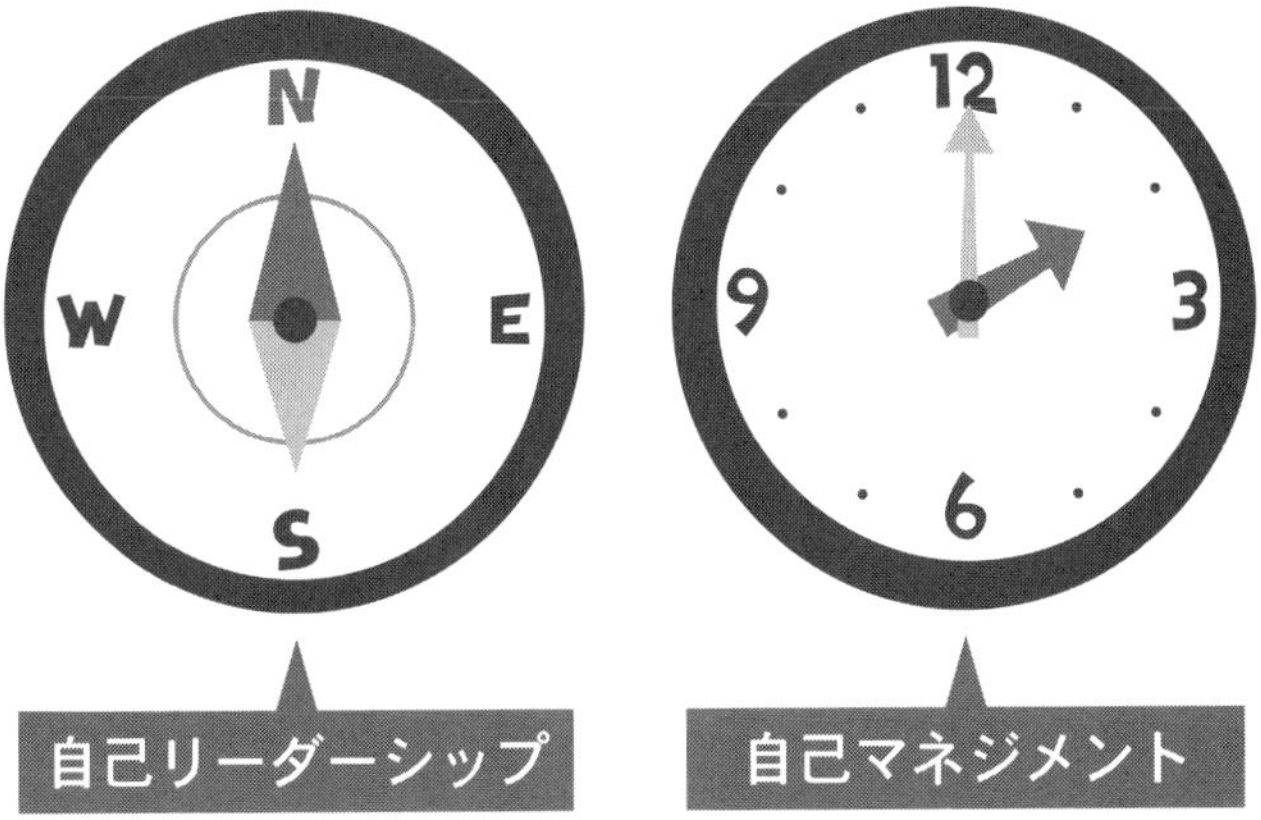

また、リーダーシップというと、周囲をぐいぐいと引っ張り、多くの賛同者や部下を引き連れ仕事をこなすといった印象を持つ人もいるかもしれない。

しかし、『7つの習慣　成功には原則があった!』（キングベアー出版）にあるように、リーダーシップには、「自己リーダーシップ」と「人間関係リーダーシップ」がある。周囲に対するリーダーシップは後者のほうだ。自分の役割において、「貢献」を明確にするという作業は、まさに「自己リーダーシップ」であり、自分に打ち克つ「自己リーダーシップ」こそが、今求められている能力の第一歩ではないだろうか。

「リーダーシップとマネジメント」著名人の定義

『7つの習慣』の著者であるスティーブン・R・コヴィー博士が、「組織の多くは、リーダーシップのなさすぎ、マネジメントのやりすぎである」と語るように、人々の多くは、マネジメント的な行動をどうしてもとりがちだ。リーダーシップとマネジメントに関しては、コヴィー博士以外にも、多くの著名人が定義しているので、『第8の習慣 『効果』から『偉大』へ』（キングベアー出版）から、その一部を紹介しよう。リーダーシップとマネジメントの違いがイメージしやすくなるはずだ。

そして、著名人の言葉を参考に、あなたの仕事において、リーダーシップとマネジメントとは具体的にどのようなことを意味しているか。また、あなたの考え方や行動はどちらの考え方に近く、どちらの考え方や行動が不足しているのか。ここでじっくり考えてみてほしい

「マネジメントはなすべきことをやらせる。リーダーシップはなすべきことをやりたい気持ちにさせる。マネージャーは押す。リーダーは引く。マネージャーは命じる。リーダーは伝える」「リーダーは正しいことを行う人々。マネージャーはことを正しく行う人々である」（W・G・ベニス）

「リーダーたちとリーダー／管理者は少なくとも6つの点で、総務的な管理者と違う。①長期的に考える。②自分が率いる集団について考えるとき、より大きな現実との関連を把握する。③管轄外、領域外の構成

員にも手を伸ばし、影響を与える。④ビジョンや価値観、モチベーションなどの目に見えないものにも重きを置き、リーダーと構成員の相互作用の中にある非合理で無意識のものを直感的に理解する。⑤多重構成員のぶつかり合う要求を取り扱う政治的能力を持っている。⑥再新という観点から考える。『管理者はリーダーよりも強く組織に結びついている』。実際、リーダーは組織をいっさい持たないこともあり得る」（ジョン・W・ガードナー／J・F・ガードナー）

「マネージャーは物事がどう行われるかに関心があり、リーダーは物事が人々にとってどんな意味があるかに関心がある。『リーダーとマネージャーは考え方が異なっている。マネージャーは、戦略を練り、決断を行うために相互作用し合う人とアイデアを使って物事を可能にするプロセスとして仕事を考えがちである』『マネージャーは選択の幅を狭める一方、リーダーはそれと正反対に向かって働く。新鮮なアプローチを開発して長期に問題に取り組み、新たな選択肢のための問題提起をする。リーダーは仕事に刺激を生み出す』」（エイブラハム・ザレズニック）

「リーダーにとっての試練は、その人が何を達成するかではない。場を去った後に何が起こるか、である。その後も続くかどうかが試練なのだ。カリスマ的な素晴らしいリーダーが去った瞬間、企業が潰れるなら、リーダーシップにならない。それは――あからさまにいうなら――まやかしである」「リーダーシップは責任だと、私は常々強調してきた。リーダーシップは説明義務である。リーダーシップはなすことである」

「マネジメントとリーダーシップを切り離すのはナンセンスというものだ。マネジメントと企業家を切り離すのと同じくらいナンセンスである。この2つは同じ仕事の本質的な部分を成す。たしかに違いはある。だが、それは右手と左手の違い、鼻と口の違いのようなものでしかない。2つとも同じ体についている」（ピーター・ドラッガー）

「マネジメントは権威と影響力を行使して、先に示されたレベルに合うような成果レベルに達するためにある。リーダーシップは決して起こりそうにないことを興すことである。（それには）必ず、受け入れられるぎりぎりの線まで仕事をすることを伴う」（リチャード・パスカル）

「マネジメントは組織の目標、優先順位の設定、仕事の計画や業績の達成に反して希少な資源を分配することである。最も重要なのは、それが物事を規制しているということだ。他方、リーダーシップは共通のビジョンを創造することに焦点を合わせる。それは人々をビジョンへの貢献に向かわせ、自己の利益と組織の利益に合わせるようにさせる。説得であり、命令ではない」（ジョージ・ウェザスビー）

リーダー
マネージャー
正しいことを行う
STOP
右です！
正しく行う
JOB
設計図
引く
押す

組織における役割を明確にする

では、あなたのビジネスにおいて、具体的に「第一の創造」を行うにはどうしたらいいのだろうか。それを考えるのがコントリビューション・ステートメントだ。

あなたは、それほど重要でないタスクやプロジェクトに1日の大半をかけてしまうことはないだろうか？　プロジェクトに明確な方向性がなく、第二の創造をすぐに行っていないだろうか？　貢献を明確にできないまま仕事をしていないだろうか？

そこで、コントリビューション・ステートメントを作成することで、ビジネスにおけるビジョンを明らかにすることをお勧めしたい。

コントリビューション・ステートメントを作成するには、あなたの役割を明確にすることから始めなければならない。ビジネス・パーソンは組織に所属している以上、必ずなんらかの役割を持っている。仮にあなたがフリーランサーであったとしても、顧客との関係、パートナーとの関係において、ある役割を担っている。その役割は、あなたが現在の仕事を辞め、違う役割を担うまで続く。

コントリビューション・ステートメントを作成するにあたって、まずあなたの役割を書き出してみよう。部下、同僚といった役割はすぐに思いつくだろう。コントリビューション・ステートメントをつくっていく過程では、できるだけ多く、そして詳細に洗い出すとよい。営業担当であれば、「A社担当」「B社補佐」のように掘り下げて考えよう。

顧客との
関係
仕事での
役割
パートナー
との関係

ビジネスにおける利害関係者のニーズを探る

ビジネスには、通常、ビジネスの舞台となる会社と株主、そしてビジネスを推進するあなた自身や上司、部下、取引先、さらに商品やサービスを利用する顧客がいる。あなたが滅私奉公し、会社だけが利益を上げれば、あなたは満足を得られない。またあなたがのびのびと仕事をしても、利益が上がらなければ会社や株主は満足できない。さらに、見せかけだけで中味が伴わないサービスを買わされれば、顧客は満足しないだろう。

つまり、ビジネスにかかわるそれぞれの利害関係者が満足できなければ、ビジネスは成り立たない。一時的に成功しても、いずれそのビジネスは廃れてしまうだろう。ビジネスは、会社と株主、あなた自身と上司や部下、取引先、顧客が満足を得られなければ継続できないのだ。裏を返せば、あなたの貢献によって利害関係者の満足を得ることが、ビジネスの目的ということになる。

したがって、ビジネスにおけるあなたの利害関係者は、会社の上司や社長、同僚や同期の仲間、部下、社外のパートナーや顧客であり、それぞれがあなたに対するニーズを持っている。そのニーズに応えることが貢献であり、相手に満足をもたらすことにつながるのだ。間接部門にいたとしても、顧客に相当する利害関係者は存在する。たとえば、あなたが営業や販売職であれば、商品やサービスを購入してくれるお客様が顧客となるが、社内の間接部門であれば、協力会社、社内の依頼先部門が顧客となる。

では、次のページ上の記入例を参考にしながら、下の表にあなたのケースを書き込んでみよう。

記入例

利害関係者	ニーズ
社長	会社の成長
上司	売り上げ達成
同僚	情報提供
同期の仲間	情報提供
部下	指導
社内部門	適切な指示
協力会社	恒常的な取り引き
お客様	満足

利害関係者	ニーズ

役割において求められていること（ニーズ）は何か？

あなたが組織に所属している以上、組織から求められているアウトプットや成果があり、そのためにある部署に配属され、役職を与えられている。また、顧客に対しては彼らのニーズを満たさなければビジネスは成立しない。

ここであなたがどんな役割と責任を担っているのか考えてみよう。記入例を参考にして、次ページに仕事上の役割と、それに対する責任を書き出してほしい。記入するポイントは、上司や同僚、顧客に対し、具体的に説明できるように、また、後日達成度合いを評価できるように、数値や具体的な内容を盛り込むことだ。

第2章のプロジェクト・マネジメントの中でも紹介するが、もともと、あなたと上司、あなたと顧客では、お互いに違うことを望んでいることが少なくないのが実情なのだ。

あなたが求められていることを書き出したうえで、「私が果たさなければならない役割とは○○○○○といったことですよね？」という確認作業を、できれば定期的に上司や顧客との間で行うことをお勧めしたい。

記入例

役割

商品開発担当者

〇〇部長の部下

求められていること

半年に10個以上の商品を開発し、会社の売り上げに貢献する

〇〇部長がスムーズに仕事ができるよう企画面でサポートする

役割

求められていること

あなたができること（才能）は何か？

あなたはこれまでにさまざまな仕事、プロジェクトをこなしてきたことだろう。それらの仕事はあなたしかできないことであり、あなたのキャリアの一部としてしっかりとあなたの中にある。

前述の役割と責任と同様、あなたが気づかずにいる能力・スキルは意外なほど多い。それを発見するために、次の演習でこれまでの仕事を振り返ってみよう。書き出すことが難しければ、上司、友人やパートナーにあなたの能力について聞いてみるのも1つの方法かもしれない。

あなたの中にはさまざまな能力や資源があることに気がつくはずだ。

【過去の経験から学んだことを取り入れる】

・あなたがこれまでうまくいったと思っている、あるいは最も評価された仕事を、できるだけ具体的に書き出してみよう。

・自分のキャリアに最大の影響を与えた、あるいは最大の満足感を与えたのは、過去のどんな経験だったのか思い出して記入しよう。

【あなたが周囲に影響を与えることができるとしたらどんなことだろう？】

・周囲があなたに対して意見を求めてきたり、頼んできたりすることはどんなことだろうか？　どんなことだったら、あなたは誰かを助けることができるだろう？

【あなたの才能を最も発揮できるのはどんなことだろう?】

・あなたは何が得意だろうか? その得意な能力を活用することで、どんなことが可能になるのか考えてみよう。得意なものがないという人は、どんな才能を身につけたいのか考えてみよう。

あなたが心の底からやりたいと思うこと（情熱）は何か？

あなたに与えられている役割があって、しかもあなたにはそれを実現できる能力もある。しかし、その仕事はあなたが本当にやりたかった仕事だろうか？　あなたは心の底からその仕事をやりたいと思っているのだろうか？

役割と能力に加え、心からの情熱が伴わなければ、あなたはその仕事に本当の意味で満足することはないだろう。

あなたは何に対して情熱を持っているのだろう？　あなたが仕事において、最も取り組んでみたいことは何かを考えてみよう。

・あなたの専門分野の中で、特に面白い、興味深いと感じることは何だろうか？

・現在の仕事での役割において、あなたが心の底からやりたいと思っている事柄をリストアップしてみよう。

・あなたを自然に活気づけ、ワクワクさせ、モチベーションを与えてくれるような仕事は何だろうか？

あなたを突き動かすもの（良心）は何か？

あなたには、能力があり、やりたいことも見つかった。もう1つ考えてほしいことがある。あなたはなぜその仕事をしたいと思うのだろうか？　そこまであなたを突き動かす原動力になっているものは何なのだろうか？　あなたを突き動かすものを考えるために、質問に答えながらあなたの価値観を再度整理してみよう。何かやりたいことがあったとしても、本当にあなたの価値観を満足させるものなのかを考える必要がある。あなたが仕事をするうえでの価値観は何だろう？

・あなたがこれまで、本当に楽しかったと思える仕事は何か？　その仕事はなぜそんなに楽しかったのだろう？

・自分が20年後、会社への貢献に対して賞を与えられ、授与式に臨んでいることを想像してみよう。それはどのような貢献に対するものか、あるいはどんな業績をあなたは成し遂げたのだろうか？

・今の仕事において「報われた」と感じられる状況を10件、挙げてみよう。あなたはどんな仕事をしたときにそう感じるのだろうか？　またそれはなぜなのだろう？

①

②

③

④

⑤

⑥

⑦

⑧

⑨

⑩

コントリビューション・ステートメントの作成

これまでの質問の答えを踏まえて、あなたのコントリビューション・ステートメントを作成してみよう。48ページにコントリビューション・ステートメントの作成例を紹介しているので、それを参考に、あなたの独自の貢献についてじっくり考えてみよう。まずは、5分間手を止めずに頭に浮かんだ言葉をどんどん書き出してみよう。その後でもう一度次のページに整理して書き直そう。

コントリビューション・ステートメント

コントリビューション・ステートメントの例

「自分から、そして自分にとって重要な先輩や同僚たちから、最良のものを引き出して効率的に行動する。そして、顧客の不満や要望に素直に耳を傾けて、自分自身だけでなく組織的にも改善するよう努力する」

「私は会計の立場から会社を支える。健全な財務とキャッシュフローを実現し、社員が不安なく働くことができるように努力を続ける」

「私は一流のエンジニアとして、会社の売り上げに貢献する。新しい技術を取り入れ、独自のアイデアとセンスによって、新たな商品を市場に投入できるようにする。また、日々成長できるよう、さまざまな人の意見をよく聞き、精進する」

「チームのマネージャーとして、メンバーの成長と自己実現を助ける。彼らが十二分な能力を発揮できるように指導する」

「私は営業担当として新しいチャネルを開発し、新しいビジネス領域を開拓することを任務とする」

チームのマネージャーとして、
メンバーの成長と自己実現を助ける

営業担当として新しいチャネルを開発し、
新しいビジネス領域を開拓する

目指すビジョンを明確にする

コントリビューション・ステートメントは、ビジネスにおけるあなたの貢献を表す言葉だが、貢献を明確にしただけですべてがうまくいくわけではない。何らかの困難があなたの前に立ちはだかり、あなたの意志を挫こうとする。ビジネスにおいて、壁にぶつかったり、解決不可能と思われる困難に陥ったりしたとき、希望を失わず前進するためには何が必要だろうか？

それは「ビジョンの力」だと、第二次大戦中ナチス・ドイツの強制収容所を生き残ったオーストリアの心理学者ビクター・E・フランクルはいう。極限の収容所体験を綴った『夜と霧』（みすず書房）という著書の中で、彼が生き伸びることができた決定的な要因は「将来へのビジョン」、すなわちその人にとっての「これからの可能性」、これからの生きていく姿を、どんなに過酷な状況の中であっても、明確に描けるかどうかであったと述べている。

同じように、ナチスの強制収容所に収容された家族の姿と生き方を「イタリアのチャップリン」といわれるロベルト・ベニーニが描いた映画がアカデミー賞主演男優賞受賞作品『ライフ・イズ・ビューティフル』だ。この映画は極限的な状況においても、決して人生の価値を見失わず、豊かな空想力を駆使することで、家族を守り抜いた男の物語である。ここでも、「人生は美しい」という価値観のもとに、悲惨な収容所の現実にあっても、人生そのものへの希望と「将来へのビジョン」を思い描くことによって、過酷な現実の中でも人間は生き延びることができるということが感動的に描き出されている。

つまり、極限状況にあっても「将来へのビジョン」を描くことができれば、人間は希望を失わず生きていくことができるという証でもある。目先のことにとらわれず、自分にしかできないことや自分にしか残せない遺産に気づくことによって、人は燃え立つものである。あなたの生きる目的を明確にし、方向性を与え、自分の力量以上のことをも成し遂げさせてくれる。それが「ビジョン」である。「ビジョンが発する情熱」によって、物事を成し遂げようとするときの障害となる恐怖心や猜疑心、そして失望を乗り越える力を、私たちは獲得することができるのだ。

コントリビューション・ステートメントの中で目指す姿を明確にする

コントリビューション・ステートメントに書き記した内容をよく読み返してみよう。そこに書いてあることが、完全に実現された場合、具体的にはどのような状況になっているのだろうか？　どんな情景が眼に浮かぶだろうか。

今度はビジョン・ステートメントとしてまとめてみよう。

【あなたの役割において、理想的な状態は何だろうか？】

・あなたは営業やプロジェクト一員、そして同僚や上司の部下、協力会社のパートナーなど、多くの役割を担っていることだろう。次の記入欄にあなたの担う役割とその理想の状態を書いてみよう。

役割	理想的な状態

【あなたは何が実現できるだろうか？】

・あなたの才能をフルに発揮した場合、どんなことが実現できるだろうか？　そのとき、あなたの周囲はどのような状態になっているだろうか？

【あなたの可能性を広げる領域はどこだろうか？】

・あなたは自分ではまだ気づいていない才能を持っている可能性がある。あなたの可能性が花開く領域はどこだろうか？　また、どんな才能を持ちたいとあなたは熱望しているのだろうか？

【あなたはどんな役割を果たすだろうか？】

・あなたは長年勤めていた部署を離れることになった。あなたの同僚は何と声をかけるだろうか？　あなたが成し遂げたどんなことを語ってくれるだろうか？　あなたがいってほしいと思うことを書いてみよう。

ビジョンの作成と例

前ページで、あなたの役割と才能に気づいたところで、どんなときでもあなたを導いてくれるビジョンとはどんなものだろうか？　左の例を参考にして、あなたのビジョン・ステートメントを記してみよう。

「営業としてお客様に満足感を与え、毎年10社の新しい顧客が増加している。そして困ったときは常に私を頼ってもらえるような存在でありたい」

「バイオテクノロジーの分野において、たゆみない研究心によって新しい技術開発を進め、5年後の会社の主軸となる商品開発を実現し、研究員の人数を2倍にする」

「人材教育担当として、営業、商品開発、財務、人事のあらゆる業務にバランスのとれた、会社の将来を担うリーダーづくりを目指す。会社を20年先まで安心して任せられるリーダーとして存在できる人を必ず育て上げる」

ビジョン・ステートメント

ステップ1　会社の価値観を探す

あなたの「価値観」と会社の「価値観」について考えてみよう。

会社とあなた双方が満足するためには、会社とあなたの価値観が合っていなければならない。完全に一致することはないかもしれないが、あまりにもかけ離れていたら双方が満足することは難しく、どちらかが不満を抱くことになる。

たとえば、あなたは営業で、問題を抱えた顧客から相談があったとする。顧客に喜んでもらいたい一心であなたが一生懸命に頑張った結果、顧客の評価も高く、あなたはとても満足した。しかし、会社はあなたに対し、全く評価することなく、「余計なことはするな」といわんばかりの反応だった。よくある話だ。この違いはいったい何なのだろう？

この原因は、会社の価値観とあなたの価値観がずれている（一致していない）ことにあるケースが多い。価値観が行動を生み、そして行動が結果を生み出すのだから、あなたが感じるギャップ感は、会社の価値観に起因している可能性が高い。あなたには自分の行動を方向づける一連の個人的な価値観があり、そして組織には事業展開や仕事への取り組み方を規定する一連の価値観がある。組織で成功するには、自分の行動を会社の価値観に合わせなくてはならない。

そこで、まず、会社の価値観を探すことから始めよう。

あなたの会社に明確な基本的価値観がない（ように見える）場合は、社員の行動から価値観を類推することができる。行動は言葉より雄弁なのだ。

次の5つの質問に答えて、価値観の証拠を61ページにある「価値観行動表」の「証拠」欄に記入しよう。

- **顧客にはどのような対応をしているか？**
- **社員たちはどのように連携しているか？**
- **業務はどのように遂行されているか？**
- **業績はどのように報奨に反映されているか？**
- **トレーニングを通して会社はどのような行動や態度を奨励しているか？**

もしあなたの会社が基本的な価値観を公表しているなら、「価値観行動表」の「会社の価値観」欄にそれを記入して、ステップ3に進もう。「証拠」欄は空白のままでよい。

価値観行動表

個人的行動項目

価値観行動表証拠欄（記入例）

証拠
私たちは顧客を満足させるためにあらゆる努力をする。
人々は会議の開始時間を守り、お互いのスケジュールを尊重している。
私たちはプロセスを文書化したものの、時間を節約するためにしばしば手抜きをしている。ときどきそれが裏目に出てしまう。
会社には、従業員を対象とした大規模な利益分配制度がある。
会社は費用を肩代わりして、大学で授業を受けるよう従業員に奨励する。

証　拠	会社の価値観

ステップ2　証拠から価値観を探す

「証拠」欄に列挙した項目を使って、それらが示す価値観を抽出する。例にならって前ページの「会社の価値観」欄にこれらの価値観をリストアップしよう。

証　拠	会社の価値観
私たちは顧客を満足させるためにあらゆる努力をする。	サービスを第一に考えれば、利益は自然についてくる。
人々は会議の開始時間を守り、お互いのスケジュールを尊重している。	高い生産性をあげる。
私たちはプロセスを文書化したものの、時間を節約するためにしばしば手抜きをしている。ときどきそれが裏目に出てしまう。	プロセスを明確にする。
会社には、従業員を対象とした大規模な利益分配制度がある。	収益性の追求。
会社は費用を肩代わりして、大学で授業を受けるよう従業員に奨励する。	スキルの修得と学習。

ステップ3　行動を価値観に合わせる

60ページの表の「個人的行動項目」欄に、会社の各価値観を実証するのに役立つ行動項目を1つずつ記入する。あなたは職場でこれらの価値観をどのように実践したらいいのか考えてみよう。会社の価値観に同意し、自分の行動を再計画したほうがいいと感じた場合は、各行動計画の開始日と期間を記入し、スケジューリングする。

行動計画を立てる前に以下の質問に答え、あなたの行動を考えてみよう。

・あなたの現在の行動と、会社の価値観を反映した行動とのギャップを埋めるには何ができるだろう？

・会社の価値観を支持するために、職場でどのような具体的アクションをとることができるだろう？

・会社の価値観の中にあなたの個人的価値観と矛盾するものはあるか？　この対立を解消するために何ができるだろう？

ステップ4　行動計画を立てる

自分の会社の価値観を特定することは比較的簡単だが、日々それらに従って生きることはとても難しい。職場でのあなたの満足度と生産性は、自分がどの程度、組織の価値観と適合しているかを示すバロメーターになる。成功のチャンスを高められるよう、自分の会社の価値観に関する以下の各ステップをすべてやってみよう。

①組織の価値観についてあなたが作成したリストを、同僚や上司に評価してもらい、価値観の証拠と解釈に関するリストが有効であることを確認する。

②あなたがリストアップしたすべての価値観と行動項目を見直すための時間を3週間以内にスケジュール化する。

③評価の一環として、以下の質問について考えてみる。

・自分と交わした約束をどの程度実行に移すことができたか？

・あなたの態度は変化したか？　また、それはどのように？

・会社の価値観への関心は、他の面でも自分の行動に影響を与えたか？　また、それはどのように？

・組織の価値観の明確化は、この期間に自分で下した決定に対してどのような影響を与えたか？

・組織の価値観に合わせて今後生活するために、あなたはどのような新しい目標を設定するつもりか？

・行動計画として考えがまとまったら、左の例にならって60ページの表に記入してみよう。

行動計画
この1週間、顧客からの要望には4時間以内に回答する。 「クライアントの期待を超える」というテーマで来月開催される研修に参加する。
今日から、自分のプランニング・システムを毎日使う。1ヵ月の間、毎週その週の計画を立て、前の週を振り返るための時間を30分間確保する。
作業プロセスに関する文書をすべて再検討し、プロセスやスケジュールを決定する際に、それらに従って行うよう努める。
今日から、自分の担当するすべてのプロジェクトにおいて、より高いマージンを達成する。
大学で実施されているコンピュータ・ソフトウェア講座の日程表を手に入れ、次の学期に参加する講座を1つ選ぶ。

現実的な目標を設定し、達成する

コントリビューション・ステートメントを作成し、実現するイメージとしてビジョン・ステートメントも作成した。会社の持つ価値観を確認し、あなたの価値観との整合性もとれた。これからは具体的な目標を設定し、一つひとつ実現していく段階だ。

あなたのビジネス、組織、チームの中で、現実的かつ夢のある目標を設定してみよう。

あなたの同僚は非常に高い評価を受けている。彼は常に業界の最前線の情報を知っているようで、知識とスキルを仕事に生かしている。あなたも仕事では成功を収めているとは思っているが、自分ができることはまだまだあると思っている。

しかし、あなたの1日はすでに予定でいっぱいで、できることは限られている。会社に大きなプラスの影響を与えることで、自分にできることを1つ選ぶとしたら、それは何だろうか？

現実的な目標を設定し、それを達成することはビジネスの成功にとって大きな要素の1つだ。ただ与えられた日々のタスクをこなすだけではなく、会社に付加価値を与えてくれるように主体的に働くことを、社員個々人に対して要求する企業はますます増えている。

会社あるいは組織のために自分の役割を果たし、現実的かつ有意義な目標設定を行うために、次のステップを実行しよう。

・目標を書き出す
・SMARTに目標を設定する
・目標を一致させる
・目標を分解する
・目標にコミットする

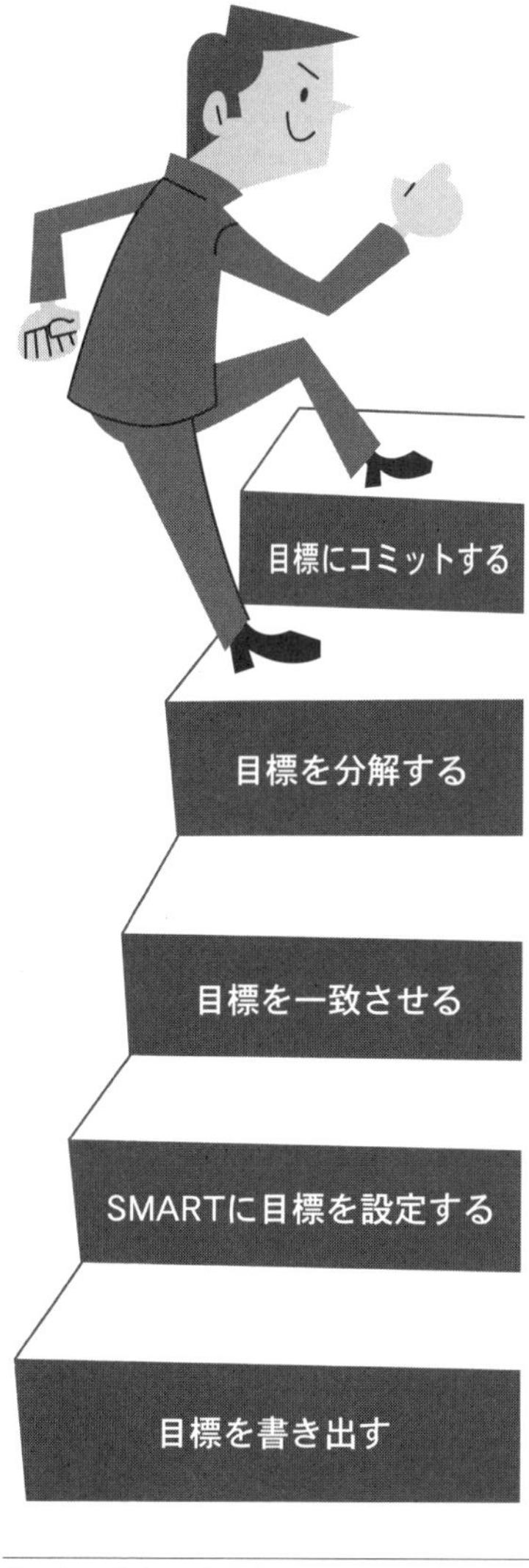

目標を書き出す

もうすでにあなたの中には、多くの具体的な目標が浮かんでいることだろう。願望と目標との違いは、それを書き出すかどうかにあり、書き出すことで目標になる。その中から達成したい重要なビジネスの目標を選び、次覧にそれを記入して、期限を設定してみよう。そして、なぜその目標を達成したいかも記入する。「なぜ」に関しては、あなたの価値観と密接に関連することでもあり、しっかり考えてほしい。

何を達成したいか？			
それをいつまでに達成したいか？			
それをなぜ達成したいのか？			

SMARTに目標を設定する

前ページで目標を書き出したら、SMART（具体的、計測できる、行動を促す、価値観との一致、タイムリー）に設定することがコツだ。そうすることで、目標達成に必要な中間ステップを導きやすくなり、毎日の行動に結びつけることができるようになる。書き留めた目標を客観的に眺めているうちに、目標達成のための具体的なタスクを思いつく。次のステップで目標を設定してみてほしい。

・**具体的（Specific）**：具体的な目標でないと達成しているのかいないのかわからない。

・**計測できる（Measurable）**：物事を改善するためには、できているかどうかを計測できる必要がある。

・**行動を促す（Action-oriented）**：「顧客を大切にする」だけではなく、大切にするための具体的な行動を書くようにしなければならない。たとえば「週に1回は顧客と会う時間を確保する」などのように具体的な目標である必要がある。

・**価値観との一致（Relevant）**：いくら高尚な目標であっても、自分の価値観と合う目標でなければ実現することは難しいだろう。目標達成のための最大の要素かもしれない。

・**タイムリー（Timely）**：今取り組む時間のないものを目標として掲げることのないように。またその達成に時間がかかりすぎて目標が意味をなさないものを除外すること。

Specific
具体的
Measurable
計測できる
Action-oriented
行動を促す
Relevant
価値観との一致
Timely
タイムリー

目標を一致させる

自分の目標が会社あるいは部門の目的と合致していることを確認するために、自分の目標につながる会社の戦略目標の目標マップ図を完成させよう。

「自分の部門（チーム、会社）はなぜこの目標を設定したのか?」と自分自身に問いかけてみよう。その目標がなぜ会社にとって重要なのか、その目標がなぜ会社の収益にとって重要なのか、そしてなぜ会社がそれを達成するために時間やお金、そしてその他の資源を投入しているのかについて考えてみよう（「何を」「いつ」に対しては目標マップの右側を使い、「どのように」「なぜ」については左側を使う）。会社は何を達成したいのか、会社はなぜこの目標を設定しているのか、会社はどうやってこの目標を達成するのか（順番、期限、あるいはコストを割り当てる必要はない）について、目標マップに記入する。

この作業によって、あなたの目標との整合性を図ってみよう。会社が持つ中・長期的な目標の方向性にあなたの目標が一致しているかどうかを確認してみるのだ。

目標マップ

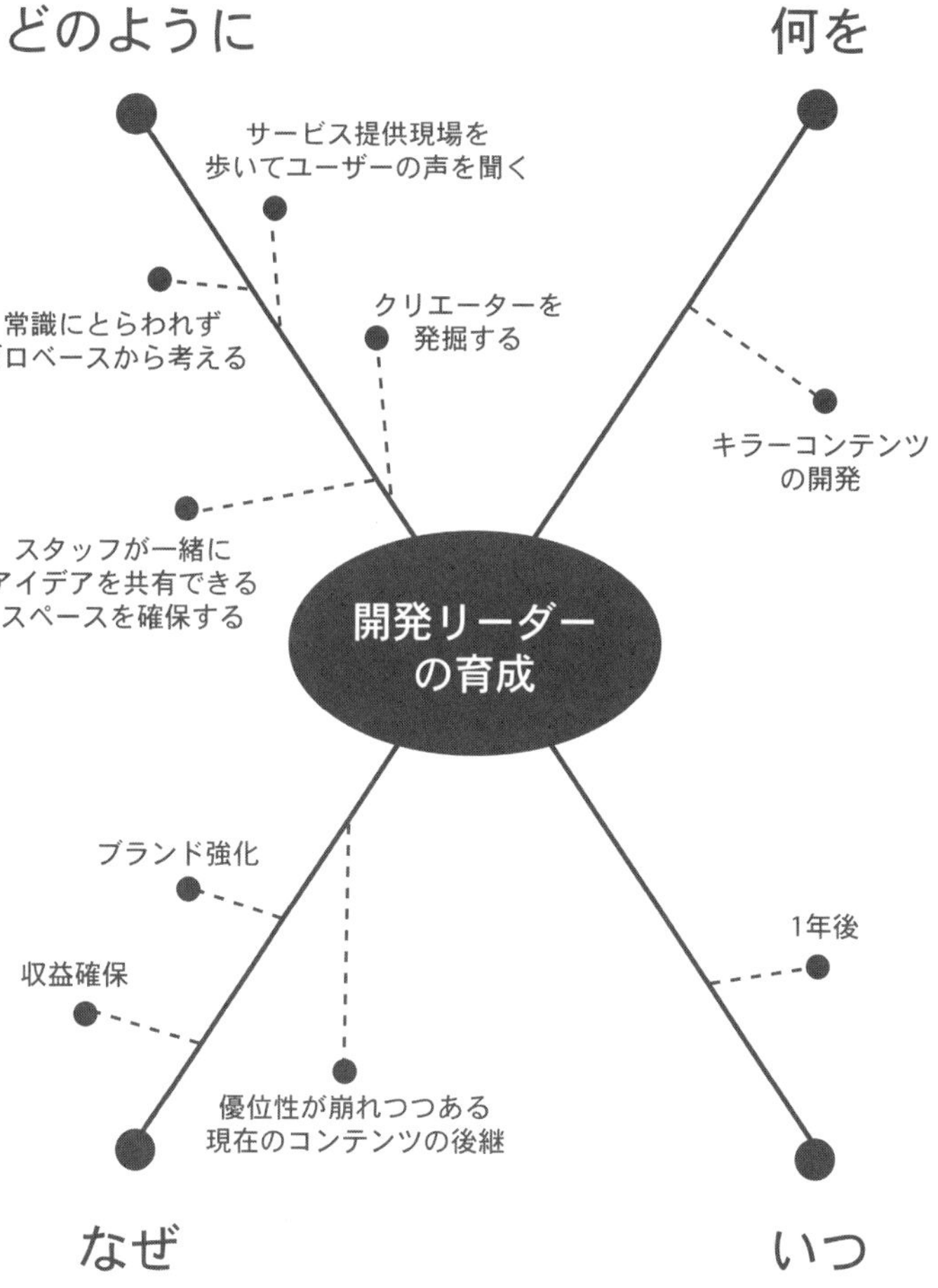
どのように
何を
サービス提供現場
を歩いてユーザーの声を聞く
常識にとらわれず
ゼロベースから考える
クリエーターを
発掘する
キラーコンテンツ
の開発
スタッフが一緒に
アイデアを共有できる
スペースを確保する
開発リーダー
の育成
ブランド強化
1年後
収益確保
優位性が崩れつつある
現在のコンテンツの後継
なぜ
いつ

目標を分解する

あなたは先ほど自分の目標が何なのか、いつそれを達成したいか、なぜその目標を持っているのかを決定した。そして、自分の目標が、成功を目指している組織の目的と一致していて、現実的な達成目標であることがわかった。

今度は、どのように達成するのかを考え、自分の目標マップを完成させよう。前ページの例を参考にして、まず、目標の「何を」「いつ」「なぜ」を次ページの目標マップに記入する。

そしてその目標を個別のタスクに分解していく。どのような順番でもかまわないので、タスクを思いつくままに自由に書き出してみよう。書いていくうちに思考が活性化されたり、整理されたりして、いろいろな発見があるに違いない。

目標マップ

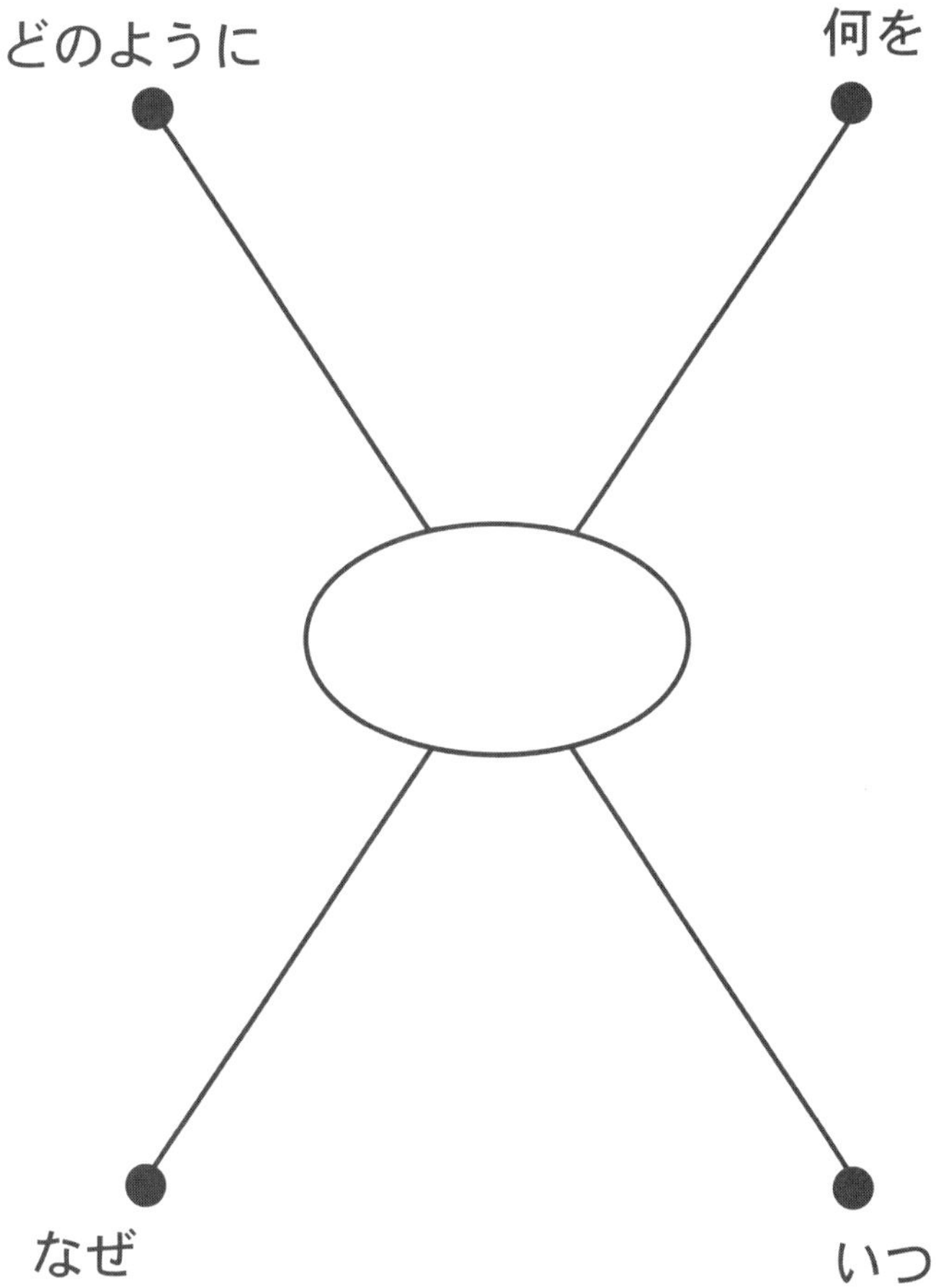

目標にコミットする

目標にコミットすることは、それを達成するという個人的な誓約をすることだ。目標設定はこの部分で崩壊することが多い。ある目標を設定し、達成するのは自分にとって望ましいということは理解できるものの、動機づけを欠いている場合が多い。本当の意味で目標にコミットするためのステップを紹介する。

①目標を思い描く

目標を達成した自分の姿を思い描いてみよう。3分間、そのシーンを詳細に想像してみる。たとえば、あなたの業績に対して評価の言葉を伝える役員たちと一緒に役員室にいる自分自身の姿はどうだろう。あなたが耳にする言葉、そのとき尊敬する人たちが浮かべる表情も想像してみよう。どんな気分だろうか？　その経験についてあなたが友人や家族にどんなことを話すのかも具体的に想像してみるといい。

②口頭で目標へのコミットメントを表明する

友人、家族、上司と自分の目標を共有して、目標を達成することを口頭で表明する。もっといい方法は、誰かを誘って、自分と同じか類似の目標を達成する仲間になってもらうこと。この方法は、非常に効果的な動機づけとなる。この口頭表明を行うためのアポイントメントをプランナーに書き入れよう。

③障害に一つひとつ対処する

障害が生じる前に、目標達成を阻む潜在的障害（先延ばし、エネルギーの喪失、どこから始めたらいいかわからない、目標以外の仕事への影響）に対処する。障害を予防するための行動項目のリストを作成しよう。

障害に一つひとつ
対処する
目標を思い描く
障害予防リスト
役員室
目標に
コミット
口頭で目標へのコミットメントを表明する

記入例

コミットメント・ステップ	行動項目
目標を思い描く。 3分間かけて、目標が達成した様子を想像する。自分のビジョンを説明するキーワードを書き出す。	**キーワード：** ・10人のチームメンバーを率いる ・顧客の要望にタイムリーに応える ・役員会議でプレゼンテーションする
口頭でも目標へのコミットメントを表明する。 この目標を誰と、いつ共有するか？	**誰？** ・上司 ・同僚 ・副社長 **いつ？** ・10月末までに
障害に一つひとつ対処する。 目標の達成を阻む潜在的な障害に対処するためになすべきことのチェックリストをつくる。	・ミーティングの前に事前承認をとる。 ・起案者として9月末までにまとめる。 ・メンバーの職務要件を作成する。 ・予算を確保する。 ・外部スタッフに協力を求める。

コミットメント・ステップ	行動項目
目標を思い描く。 3分間かけて、目標が達成した様子を想像する。自分のビジョンを説明するキーワードを書き出す。	キーワード：
口頭でも目標へのコミットメントを表明する。 この目標を誰と、いつ共有するか？	誰？ いつ？
障害に一つひとつ対処する。 目標の達成を阻む潜在的な障害に対処するためになすべきことのチェックリストをつくる。	・ ・ ・ ・ ・ ・ ・ ・ ・ ・ ・

「人にどんな価値を提供できるかどうか。数字は結果でしかない」

資産運用会社　人事担当　庄司大介さん

資産運用会社で、人事を担当する庄司さんは、大手保険会社を退職し、現在の道を選んだ。自分の力によって影響を与えることができる組織で仕事をしたい。そして何より自分自身の人生のミッションを実現するための決断だった。

庄司さんのフランクリン・プランナーには、会社に貢献すべきミッション（コントリビューション・ステートメント）がびっしりと書き込まれている。どのような仕事をすると、どのような貢献ができるのかが端的に記入されている。

「ドラッカーのいう『自分が何によって憶えられたいか』ということが重要なことだと思います。また、『どういう成果を会社から期待されているか』を意識することも大切です。組織からの要請と自己欲求をいかに調和させるかが、モチベーション高く、仕事を続けられるためのキーポイントだと思います」と、庄司さんはコントリビューション・ステートメントの大切さを語る。

「私の場合、部門が変わったら会社から期待される成果も変わりますので、コントリビューション・ステートメントの中身は変わることになるでしょうが、その根底にある考え方は変わりません。会社へ貢献する内容は、会社のビジョン・経営計画からつながってくる自分の職務に期待されることと、自分が見返りに期待せずに提供・奉仕していきたいと思うことの集約です。ですから、ここに書いてある内容は、上司と話し合ったうえで自分の想いが反映されたものになっています」

また、目標が数値だけだと仕事が楽しくないともいう。

「顧客に対して何を提供するか、明確な意識を持っていないと正しい方向に向かって仕事ができないと思います。現在、採用の仕事に携わることもありますが、そのときに人を見る視点として『他人の立場に立てる人かどうか』見極めることを大きなポイントにしています」

庄司さんは最近、ミッション・ステートメントを更新したという。転職して1年が過ぎ、会社の方向性に対する自分の領域がより明確になってきたのが大きな理由だ。ここにも現状に満足せず、常に「よりよい道」を模索し続ける庄司さんの姿がある。

会社への貢献をどうやって日々の計画と管理を結びつけているのかについても伺った。

「会社の目標を実現するために、まず月間カレンダーに週のキータスクを書き込み、必ず実行するようにしています。また週末には、その週に読んだ本について感想をまとめる作業もしています」

目標管理もさることながら、自分のスキル、知識を開発していくこともぬかりなく実行する庄司さんは、ビジネス、プライベートとも本当に充実している。

「目の前の家族を幸せにできなくて、社会に貢献することなんてできない」

株式会社Family Smile　代表取締役社長　成田直人さん

大学生時代に、販売のアルバイトを通じて次々と目標をクリアし、念願の起業を果たした成田さんは、現在でもフランクリ・プランナーを使ってビジョン、目標設定、行動計画、振り返り、再計画を行っている。

成田さんが目標を設定するときに、必ず自分自身に問いかけることがある。それは、なぜ自分はその目標を達成したいのか、ということだ。

「私が目標設定をするときは、なぜそれを行いたいかを必ず考えます。なぜ1億円を売り上げたいのか、なぜ1億円でなければならないのか、そこに本当にコミットすることができれば実現が一気に近づきます。そのうえで、達成したときのイメージを徹底的に描きます。どんな状態になっているのか、誰がいて自分は何をしているのか、周囲からどんなことをいってもらっているのかを詳しくイメージします」

自分の仕事がどんな意味や意義を持ち、どのように社会に貢献し、影響を与えるのかをしっかり考えている。ビジョンを描く成田さんの目標へのアプローチは、まさに自分自身の価値観の実現そのものだ。

当然ながら、目標達成のための計画、振り返りも徹底している。

「私は目標を設定したり、計画を立てたりするとワクワクするんです。『目標は達成すべき結果』だと思っていますので、まず目標を月ごとに分割し、さらに1日単位に分割する。そしてできたかできなかったかを振り返る。なぜできたのか、なぜできなかったのかを反省し、さらに計画を立て、できるまでやります」

会社名である「Family Smile」とは、成田さんが最も貢献したい役割の表現でもある。

「『自分のモチベーションはどこからくるのだろう？』と考えたとき、やはり『家族』だということにある日気づいたんです。私がこれまで何かを成し遂げるたびに家族がまとまって1つになりましたし、目の前の家族を幸せにできなくて、社会に貢献することなんてできないはずですから。私が目指す最高で最良のビジョンは『幸せな家族』です」

第2章

成功するプロジェクト・プランニングとマネジメント

「聞き切る・調べ切る」で課題を明確化せよ

ビジネスで成功するために、企画力・提案力、つまりプランニング力が重要であることはいうまでもない。では、成功するプランニングには何が必要なのか？　最近でも、焼酎ブームを仕掛けたり、「表参道ヒルズ」のコンセプト立案や地価上昇率日本一となった「つくばエクスプレス」沿線のPRを手掛けたりと、30年近く第一線で活躍している〝企画プロデュースの達人〟であるマーケティングコンサルタントの西川りゅうじん氏にその秘訣を聞いた。

「敵を知り、己を知れば百戦危うからず。何よりもまず、課題を明確にすることです。そのためには『聞き切る・調べ切る』を徹底すべきです。バラが嫌いな女性にバラを贈っても無意味です。課題を客観的に明文化するのです。課題が間違っていては正しい解答は出ません。また、クライアント自身が本当の課題をわかっていない場合もあります。その場合は真の課題を認識してもらう必要があります」

実際、クライアントや社内の上司が企画の提案を求める課題自体が本質からズレていることもよくある。だからこそ、「聞き切る・調べ切る」が必要なのだと西川氏はいう。「聞き切る」とはジグソーパズルの最終的な全体像を徹底的に頭に入れる作業で、「調べ切る」とは必要なすべての小さなジグソーのパズルを手に入れる作業であり、どちらもが足りなければ完璧な絵はならない、と西川氏は説く。聞くは一瞬の恥、聞かずは一生の恥。また、聞くときには一方的に質問責めにするのではなく、相手から自然に話してもらうように会話のキャッチボールを心がけなければならない。

「ただ、相手に課題のズレを認識してもらうには、仕様（プランニングの前提条件）そのものを変更できる決定権者と直接コミュニケーションをとらねばなりません。その下の担当者は決定権者から指示された範囲内のことしかできず、間違いを指摘しても課題の変更などできず、逆に反発を招きます」

課題や仕様を変更できる決定権者に最後まで会えない場合、課題がズレたまま企画を提案して実行した

場合に、先方が被るマイナスによって自分に降りかかるリスクを最小限に留めるよう考えておく必要がある。決定権者に会うのに段階を踏む必要がある場合は、トロイの木馬のように、まずはその段階に進むことだけに集中すべきで、その後の決定権者との会合が本番となる。

ゴールをイメージし、ブレずに最後まで走り抜け

課題が明確になったら、次は突破すべきハードルと最終ゴールを具体的に思い描く必要がある。クライアントと受託者は、目標に向かって1つの課題を解決すべく共に邁進するわけだが、利害関係者が多くなれば、当然、各々のゴールは異なってくる。「共通の課題を解くために、自社や自分が目指すゴールとそこに至るロードマップを描いておかねばならない」と、西川氏はいう。

「課題の解決に向かうこのプロジェクトで、自社や自分は、どこまでどのように関与し、何をどれだけ得るのかといった具体的なゴールをミニマム（最小限）からマックス（最大限）まで想定します。最初から最後まで完走するのか、リレーの中継ぎ走者なのか、アンカーなのか。勝ち投手になるのか、負け投手になってもいい試合なのか。しっかり儲ける場なのか、先々を考えて信用を築くために原価やマイナスでも受けるのか。利益は最低どの程度確保するのか、どこまで労力や時間やお金やノウハウや人脈を投入するのかなどの、最高と最低のデッドラインと自分なりの落とし所を考えておく必要があります」

そういったイメージを描いておかないと、先方にとっても自分にとっても絵に書いたモチになってしま

う。それを踏まえたうえでプランを考え提案すべきだ。当然、それはクライアントの思惑とは異なる場合も出てくる。そんなときは、そういった課題のズレやゴールが異なることによる役割認識のズレを踏まえた実行可能な第三案を考える。そして、相手の立場に立ちながら、客観的にわかりやすく、忍耐強く、クライアントのキーマンに説明し続けることが重要だ。

そこで大切になるのは、ミーティングのその場で「伝え切る」こと。電話では十分に説明できないし、メールでは冗長になってしまい読まれない。同じバッターボックスは二度と回って来ないのだ。「聞き切る・調べ切る・伝え切る」ことを心がけよう。課題とゴールが双方で明確になったら、後はそれを実行するプロデュースだ。すべてプラン通りに行くプランなど存在しない。課題を常に忘れず、同時に臨機応変に対応しなければならない。結果を出すためには、どんなことがあっても最後までやり切る意志がすべてなのだ。

「途中で投げ出さない限りは、すべてが過程であって、失敗ではありません。諦めたときに失敗が確定するのです。成功への道は決してブレずにやり抜く覚悟だけです。しかし、ブレないとは、ただ一直線に進むことではなく、必要に応じて迂回しながらでも常にゴールを目指すということです。一歩後退、二歩前進して乗り切ることもあるでしょう。その際には、なぜ一時的に迂回するのか後退するのかを、客観的なデータに基づいてチームを説得できるロジックを構築することが必要となります」と、西川氏は話す。プランを成功させるには、最終的には人間力が重要となることがわかるだろう。

ルーティンワークからプロジェクトへ

停年までキャリアを積み上げていく年功序列の仕組みは崩れ、今やスピードと変化対応力が求められる時代。その結果、ピラミッド型組織の多くがアメーバ型組織へと姿を変え、時代の変化や顧客ニーズの多様化に対応しようとしている。

当然、仕事の内容も大きく変化し、昨日までは正しいとみなされていた仕事が、明日はもう古いものになっている可能性すら考えられる。つまり、いかに変化に対応しながら、新しい仕事＝プロジェクトを機敏に立ち上げ、スピードとエネルギーを持って、成功させるかがカギになっているのだ。

このような変化の激しい時代においては、上司の指示を待っていたり、環境の変化に振り回されてばかりいては、自分自身の大きな目的を見失ってしまうことにもなりかねない。自ら考え、計画し、動き、結果を出すといった、自分で自分を確実にマネジメントしていくことが必要となる。

そういった意味で、プロジェクトの重要性はますます高まっている。ルーティンワークをこなしながら、プロジェクトを立ち上げ、成功させる。ビジネス・パーソンとしてのスキルが最も試されるのが、この部分だ。

これまで、プロジェクトというと、大きな事業の立ち上げや組織横断的なプログラム、あるいはＩＴ系に代表されるような専門的な知識とスキルが必要とされるようなビジネスが一般的なイメージとしてとらえられてきた。

しかし、プロジェクトとは、もっと柔軟で臨機応変なものであるべきなのだ。極論すれば、ルーティンワーク以外の仕事はすべてプロジェクトであるという言い方もできるほどだ。これからはこうしたプロジェクトを自ら立ち上げ、成功させる能力がより強く求められるようになるだろう。

プロジェクトとは?

プロジェクトとは、「特定の目標を達成するために一定期間、続く仕事」と定義することができる。実際には、毎日のルーティンとは別に、特定の課題に対し、何かしらの策を講じ、一定期間内で解決することになる。

たとえば、新しく発売する商品を拡販するためのイベントを組織横断的なメンバーで計画したり、営業部門に新しいシステム（ソリューション）を導入するために、ある特定メンバーで取り組んだりするような仕事だ。

プロジェクトは自部門のみでなく、組織や役職を超え、あらゆる組織、あらゆる階層にまたがるのが当たり前のことになってきた。

たとえば、総務部長が新しい管理システムの導入や社内行事のプロジェクトに関与したり、製造現場の人間が顧客のニーズに従って商品を改良する設計チームのプロジェクトに参加したり、工場全体の再編計画に携わったり。また、マネージャーであれば、新方針の策定や経費削減プロジェクトの旗振り役を担当するかもしれない。つまり、今日では誰でもプロジェクト管理のエキスパートになることが求められているわけだ。

自分に与えられた仕事をこなすことが会社への貢献であると考えられていた時代もかつてはあったが、今日においては、「トヨタのＫＡＩＺＥＮ」に代表されるように、現在のルーティンワークをどれだけ変化させることができるかが課題になったともいえるだろう。

そのためには、自分の周囲がどのようなニーズを持っているのか、何が課題なのかを的確に把握し、自分のリソースをフルに活用し、ビジネスとしてまとめあげていく力、つまりプロジェクト・マネジメント力が必要とされているのだ。

プロジェクト・プランニングとマネジメントのためのツール

これまで、さまざまなプロジェクト・マネジメントに関する手法やツール、たとえばＰＥＲＴやガントチャートなどが開発されてきた。しかしこれらは、大規模プロジェクトに適用されたものが多く、われわれが普段行うような小さなプロジェクトやちょっとした改善プログラムには使いにくいのも事実だろう。

そこで、新商品のローンチや小さなイベントの企画、果ては業務改善の組織横断プロジェクトまで、大小さまざまなプロジェクトをうまく起案し、計画し、管理するにはどうすればいいのか、どのように進めればいいのかなど、本章ではそのエッセンスを紹介していく。

また、プロジェクトを成功させるには、効果的なプロジェクトの起案、時間と情報を上手に活用するための、簡単で使いやすいプロジェクト・マネジメントのツールと方法が必要になる。それについても併せて紹介していこう。

▼本章の主なポイント

・**効果的なプロジェクトの起案**：前章のコントリビューション・ステートメントでも紹介したように、プロジェクトを起案する際には、あなたがどのようにプロジェクトに貢献できるのかを確認することが大切になる。自分の能力をどのように発揮することができるのかを考えてみよう。

・**時間と情報を上手に活用する**：時間と情報の管理は、プロジェクトそのもの。マネジメントに不可欠の要素である。フランクリン・プランナー手帳を活用することでさらに大きな威力を発揮する。

・容易なプロジェクト管理方法の活用：誰でも容易にプロジェクトを管理できる方法がある。この方法は、ビジネスはもちろん、プライベートの旅行や結婚式などのイベントにも活用できる。

利害関係者は誰か？

第1章でコントリビューション・ステートメントを考えたとき、私たちの利害関係者を考慮したように、ビジネスやプロジェクトには必ずクライアントを含めた利害関係者が存在する。

プロジェクトとは、ある意味「現状課題からの改善、変化」であるため、最終的にさまざまな「利害関係者」のニーズを満足させなければならない。あなたは利害関係者と聞いて、どんな人の顔を思い浮かべるだろうか？　発注主であるクライアント（上司、社内依頼者を含む）の顔だろうか、それともプロジェクトを実行するメンバーの顔だろうか？　仕事のパートナーや取引先の顔もあるかもしれないが、とにかく、あなたが思い浮かべた人はすべてプロジェクトにおける利害関係者なのである。

ビジネスを行う際に、クライアントなど特定の誰かのことを、つい対峙する関係としてとらえてしまいがちだが、実はお互いに問題／課題を解決するという共通の目的を持っており、同じ方向を見ている関係にあるはずなのだ。

そこで結果を出すプランニングを行うには、利害関係者と一緒になってソリューションを追求することが有効となる。押しつけや当て推量ではなく、協働によって相乗効果を発揮するのだ。あなたとクライアントは共に成功を望んでいるチームであり、同じ課題を共有し、解決策を求める姿勢が必要となる。まず、利害関係者は誰なのか、その人たちのニーズは何か、どんな点に問題を抱えているのか、どの程度問題を解決したいのかを把握しなければならない。そこからプロジェクトのプランニングはスタートする。

当て推量をしない

利害関係者を特定し、彼らのニーズを探っていくと、たとえば「このシステム（商品）はいい」「このソリューションがあれば○○ができるに違いない」など、想像をたくましくしてソリューションを考えがちだ。しかし、このような当て推量に基づいたソリューションが核心をついているかどうかはわからない。

当て推量を避けるには、利害関係者（顧客や仕事の依頼主など）の真の課題が何かを正確に理解する必要がある。わかったつもりでいても、あとから違う意味だったというケースも少なくないのだ。

「きっとこうに違いない」といった当て推量は、プロジェクトの立ち上げの障壁になりかねない。それどころか、そのまま突き進めて大ケガになってしまうことさえ考えられる。

あなたが、次のようなことを思いながらビジネスに取り組もうとしているときは、もしかしたら「当て推量」で仕事を進めている危険性があるので十分に注意しよう。

・問題は現実そのものだ。解消されておらず錯覚ではない（問題の仮定）
・問題はただ1つ。複数の問題が絡み合っているわけではない（問題の唯一性）
・問題を解決することは可能だ（可能性の仮定）
・利害関係者は問題を懸念している（価値）
・問題のソリューションは1つだけ存在する（唯一性）

・ソリューションの有効性を判断することは可能（測定）
・そのソリューションであれば問題は解決する（可能性、測定）
・そのソリューションのコストは問題のコストより低い（可能性、測定）
・ソリューションの採用によって問題が増えたり深刻化したりすることはない
・そのソリューションは長期間有効だ（時間、恒常性）

『成功するセールスの原則　ORDER』（キングベアー出版）より抜粋

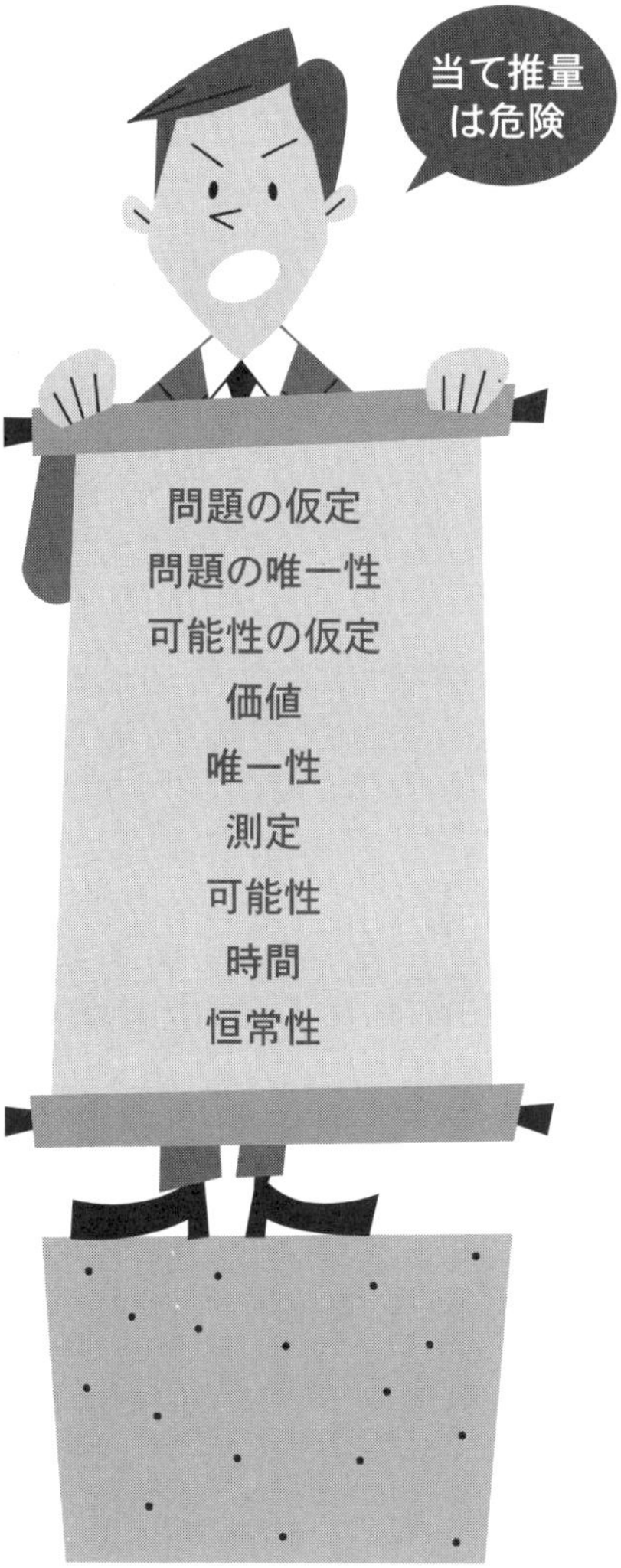

ソリューション自体に価値はない

プロジェクトといえば、ほとんどが何らかの課題を解決するための仕事であり、そういう意味では「プロジェクト＝ソリューション」という見方もある。

しかし、プロジェクトとソリューションは同じではない。ソリューションは、プロジェクトの目的を達成することによって価値を引き出していくが、ソリューションそのものに価値があるわけではないからだ。ソリューションによって達成されるはずの結果を考えることなく、ソリューションを適用することはできないはず。ソリューションとは実際に何かを解決しなければならないものだからである。

したがって、プロジェクトを成功させるには、すぐにソリューションを採用するのではなく、いったんソリューションから離れることが必要となる。たとえば、あなたがＣＲＭ（顧客管理システム）の構築プロジェクトのリーダーに任命されたとしよう。導入システムを決定する前に、このプロジェクトの目的＝解決しなければならない課題、利害関係者が本当に求める結果、何が起こっているのかを利害関係者とともに認識しなければならない。その結果によってはＣＲＭという多大な投資をする必要がないかもしれないし、また、ＣＲＭという結論を引き出す前提となった課題を再検討することで、別のソリューションが必要になるかもしれない。

あわてて採用したソリューションによって、副作用に苦しむことになったり、かえって病状を悪化させてしまったりすることはままあること。このＣＲＭというソリューションも同じことだ。私たちが解決しなければならないことは何なのか、どのような結果を望んでいるのか。そのソリューションで解決すべきプロジェクトの目的をじっくりと検討することが出発点となる。あわててソリューションに飛びつくことがないよう、まずは課題に立ち戻る姿勢を習慣づけよう。

プロジェクトの目的、そして前提となっている課題を再検討してからでも、ソリューションを考え、採用するのは遅くない。

結果を出すプランニングを行うには、一度ソリューションから離れて、利害関係者（顧客やクライアント）がどんな課題を抱えているのかを明らかにすることから始める必要がある。たとえクライアントが初めからソリューションを求めていたとしても、課題に立ち返ることが重要であることを忘れてはいけない。

最重要課題は何か？

プロジェクトの成功へとつながるプランニングを実現するには、ソリューションによって解決しようとする重要課題（問題、結果）を漏れなく明確にすることから始まる。当て推量をしないために、クライアント（顧客、依頼主）のすべての課題を引き出してから、具体的なソリューションに取り組む。課題を1つか2つ聞いただけで、ソリューションを考えると、次のような落とし穴にはまる危険性があるからだ。

・重要なニーズを発掘し損なう恐れがある
・それほど重要でない課題について検討することになる
・貴重な時間と労力を浪費する危険性がある

課題を漏れなくリストアップするには、1つの課題が出てきても、飛びつかないように我慢する必要がある。また、「こんな課題があるはずだ」と決めてかからないようにしなければならない。課題はできるだけクライアント（顧客、依頼主）自身の言葉で述べてもらうことがポイント。そして課題が全部出そろったら、それに優先順位をつける作業を行う。

しかし、現実には、課題はどれも重要で相互に絡み合っているもの。簡単に優先順位を決めることができないことも多いだろう。優先順位を決めるにあたって、重要な指標となるのが、課題や問題がもたらすインパクトだ。クライアントに「相乗効果やインパクトが最も大きそうなのはどれですか」と尋ね、クライアント自身の口から重要性の判断をしてもらう。そうすることで、お互いに「最重要課題」を認識することができ、課題に対する強いコミットを持つことができるようになる。

一方、どれも重要で、1つだけ選ぶことは難しいと、複数の課題を選んだ場合は、次のような対応で最重要課題を絞り込んでいく。
・「どれも重要ですね、すべてについて話し合うことにしましょう。まずはどれから始めますか」と尋ね、クライアントに優先順位をつけてもらう
・複数の課題を1つの課題として取り上げ、具体的に掘り下げる

『成功するセールスの原則』より抜粋

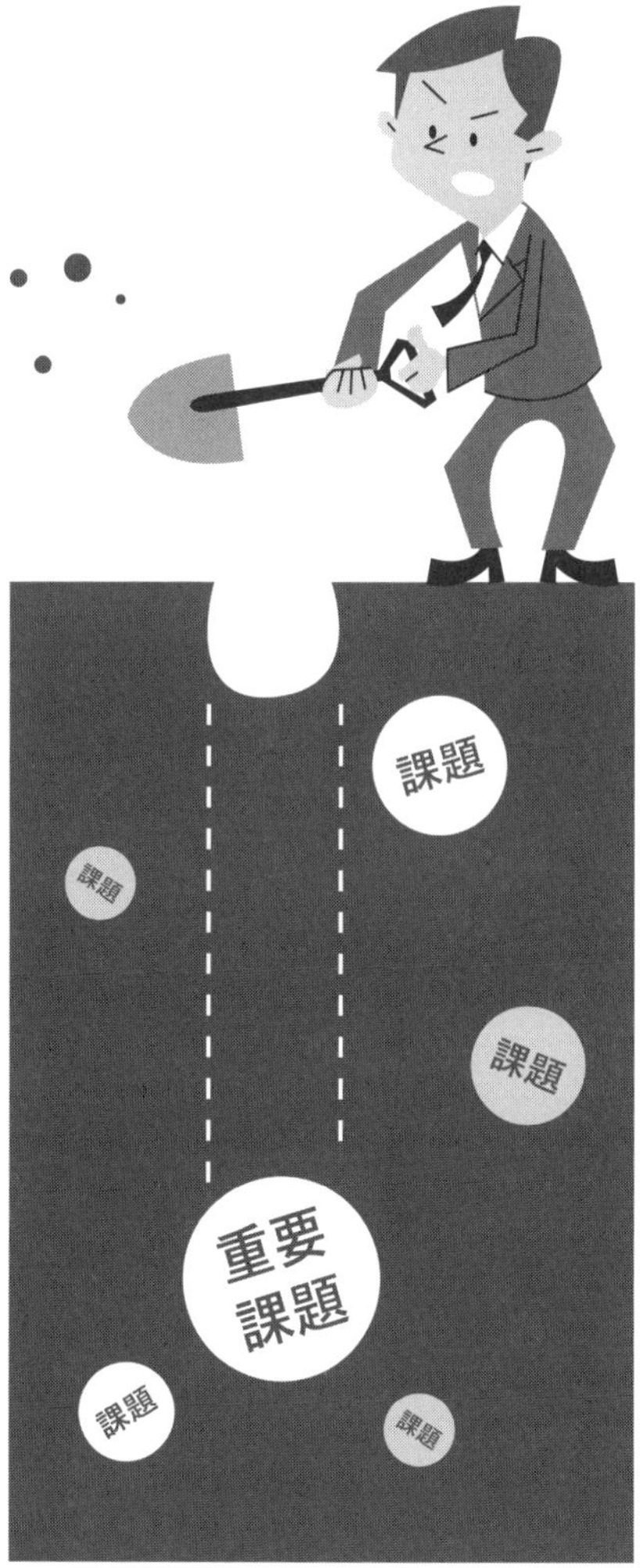

アイデアを広げる右脳思考

クライアントの課題を出し尽くし、優先順位を把握したら、適切なソリューションを考える番となる。創造力を発揮してアイデアを練り、素晴らしいソリューションをプランニングしたいもの。そのためには、あなたの右脳を積極的に活用していこう。論理的、理性的な思考を受け持つ左脳だけなく、パターン認識を担当する右脳を活用するのだ。右脳は斬新なアイデアを生み出す創造者であり、左脳は論理的にアイデアをまとめる編集者だと考えるといい。

創造力を強化するには、左脳、右脳双方を適切な順序で働かせる必要がある。左右の脳は一緒に考えることがあまり得意ではない。創造者は評価に対して非常に敏感で、少しでも批判されるとどこかに隠れてしまう。したがって、創造力を強化するには、まずアイデアを生み出す段階を編集のプロセスから切り離す必要がある。

つまり、「まず創造し、それから編集する」ことを心がけるのだ。

場所や環境も重要なポイントの1つ。ワクワクするような、お気に入りの音楽や色彩、絵画、玩具や小物類などがあるスペースを用意すると、創造的な空間となる。

また、否定的なコメントは極力、避けること。バカげていようが、とにかくアイデアが浮かぶようにしばらく刺激を与えることが大切。実際、この時点では突飛なアイデアを無理にでもひねり出すことが必要なのである。そして、思いついたアイデアを書き留めたら、それ以上のことをする必要はない。

アイデアが出そろったら、ここで編集者の出番となる。編集者はデータの分類、評価、批判、抽出、分析、そして決定を行う。創造者と編集者がこのようにうまく連携することで、あなたの思考プロセスは強化されるのだ。

左右の脳を適切な順序で働かせることができるようになったら、創造力はどこから生まれるのかを理解する必要がある。創造力の源泉は、あなた独自の才能、スキル、考え方、経験以外にはない。創造力とは、そもそも自分を外部に向かって表現するプロセスにほかならない。言い換えれば、他人の能力を当てにすることはできないということだ。

また、創造のプロセス自体は、あらゆる活動に応用がきく。したがって、表現のスタイルは、箇条書き、イラスト、企画書、業務レポート、ラフレイアウトなど、何でも構わない。

マッピングでアイデアをまとめる

それでは、右脳による創造力を駆使し、画期的なアイデアを出すために、ここでは「マッピング」という手法を使ってみよう。マッピングを行うと、ほんの数分のうちに驚くほど多くの情報やアイデアをアウトプットすることが可能になる。左右両方の脳を効果的に活用できるので、ソリューションを適切にまとめやすくなるのだ。早速、マッピングの手順を紹介していこう。

①肩の力を抜く：批判、評価を行わず、いろいろなアイデアを思い浮かべる。

②時間をかけない：脳が最も冴えるのは5分～10分の間だ。アイデアがあふれてきたらできるだけ素早く取り込もう。キーワード、記号やイメージはアイデアを迅速に記録することに役立つ。

③アイデアの良し悪しは気にしない：何かが浮かんだら、それが自分が抱えているプロジェクト無関係でもすべて書き留めよう。そうしないと、先に進めなくなり、他の素晴らしいアイデアが埋もれてしまう。

④境界を取り払う：アイデアを記録するには何もノートや真っさらなA4用紙がなくても、チラシの裏側や画用紙を使っても構わない。またカラフルなマジックペン、クレヨン、フェルトペンを使えば、気分が高揚して新たなアイデアが湧いてくるかもしれない。

⑤思い切って真ん中から始める：モノを書くときとは紙の上から始めることが多いが、ビジュアル化では自分が考えたいと思うキーワードやイメージを用紙の真ん中から書き始める。

⑥自由に連想する：アイデアが浮かんだら、そのアイデアを表す単語を1つか2つ考え、中心の枠から枝状に延びる線に沿って記入する。これを繰り返していく。

⑦手を止めない：常に何かを書いているようにする。アイデアに行き詰まったら線を引くだけでもいい。そうすればそこに入るアイデアを脳が自然と考えてくれるからだ。気分転換に色を使うことも有効だ。

⑧組織立てを急がない：関係やつながりがすぐわかるアイデアであれば、元のアイデアから小枝を伸ばして追加することができる。だが、関連性のないものについては、それぞれを中心と結んでおけばいい。まずはアイデアをひねり出すことが先決だ。

マッピングの例

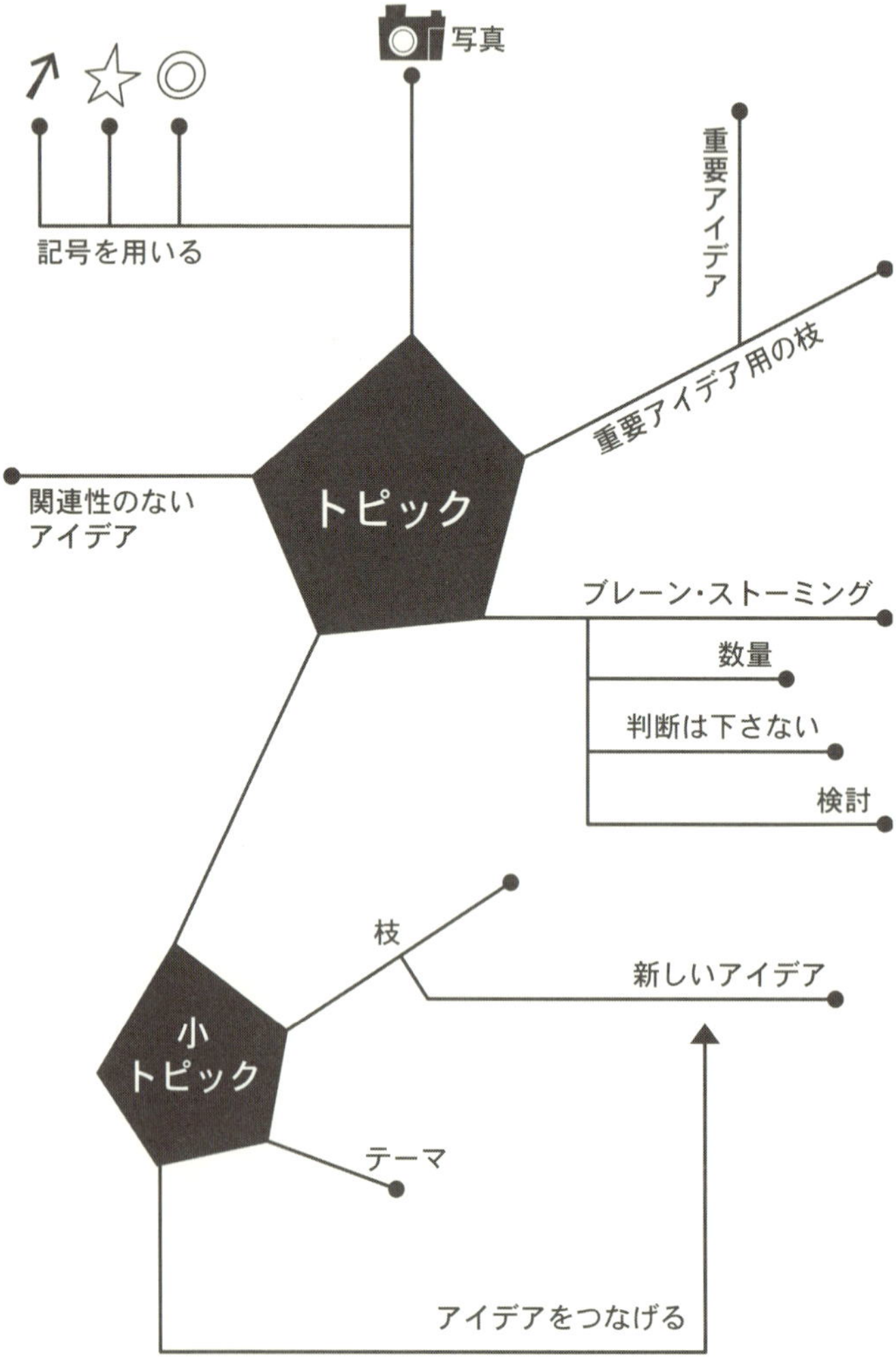
写真
記号を用いる
重要アイデア
重要アイデア用の枝
関連性のない
アイデア
トピック
ブレーン・ストーミング
数量
判断は下さない
検討
枝
新しいアイデア
小
トピック
テーマ
アイデアをつなげる

第1章でコントリビューション・ステートメントを書いたときに利害関係者のニーズを考え、そのうえであなたの貢献を明確にした。プロジェクトを立ち上げるということは、そのコントリビューション・ステートメントを実現することでもある。

あなたの貢献を実現するためには、何をどう具体化すればいいのだろうか？　あなたのアイデアを出してみよう。

「何を」「いつ」「どこで」の3つの視点から、自由にマッピングしてみる。思わぬアイデアが浮かんでくるかもしれない。自分で「これは」というアイデアが浮かぶまで繰り返し、チャレンジしてみよう。

『PQ　プロジェクト・マネジメントの探究』より抜粋

プランナーのノートページはアイデアの宝庫

フランクリン・プランナーのデイリーページは毎日何回も開くページだ。その最も身近なページをスケジューリングに関係した事柄だけに使っていてはもったいない。特に右側の「デイリーノート」ページは、自由なレイアウトになっているので、閃いたアイデアなどを書き留めるのに非常に便利だ。

たとえば、今月が提出期限となっているプランのテーマや内容の構想について、電車での移動中やちょっとした空き時間に書き留めてみる。最初は下調べや思いついた内容だけかもしれないが、実際に書くことで考えが整理されたり、発展したり、次々と新しい考えが浮かんでくることは多い。

忙しい毎日を送っている人ほど、1日の15分ほどを集中的に使って、マッピングやビジュアル化してアイデアを出したり、整理したりしてみることをお勧めしたい。ふとしたきっかけで、これまで思いつかなかった、具体的な目標設定、プロジェクトのタスク計画など、スムーズに作成することにもつながることもある。「デイリーノート」ページをフル活用し、創造思考を習慣化していこう。こういった日々の積み重ねが大きなプロジェクトの起案につながったり、新しい仕事の受注につながったりするのだ。

そして、できれば、1ヵ月がたった段階で、その月のアイデアをインデックス欄にまとめ、いろいろなアイデアを整理するといい。そこでまた新たな発見があったり、整理することで後から振り返るのが簡単になったり、使い勝手がグンとアップする。

マンスリーフォーカス:
役割　大切な人間関係と
果たすべき責任に力を注ぎ、
時間やエネルギーを投入する。

善をなす鍵は素晴らしい仲間との人間関係にある。
イザック・ウォルトン

7

第２週　Daily Notes　７日目, 残り 359 日

A社プレゼンにロールプレイを取り入れる？
→T君に相談

リゾート構想の3つのキーワード！
●Far Rich
●So Active
←今日中に考えること！

◎ヤング・リタイア層
・こども
・友人夫婦

メイン
ターゲット

◎キャリア女性
・両親
・同世代の友人

？

2/3 AM11:00 Mr.ヤン 羽田着
（〇〇エアライン 37便）
→Welcome Partyの件　Sさんに依頼

幕張　エコメッセ2008
会期：3/13～15

資源を広げる

プロジェクトを成功させるには、あなたが持つ（周囲にある）リソースを最大限に活用することが必要だ。資源には昔からよくいわれるように、「人」「モノ」「金」「情報」がある。これらのリソースをどれだけうまく活用することができるかどうかが、プロジェクトの成功へのポイントであるといってもいいだろう。

プロジェクトを成功させるためのリソースは、次の4つ。

①人材：手助けになるどんな人を知っているか？
②予算：自分たちに予算が回ってこないのなら、他の誰にも回っていないはず。自分たちで予算を生み出すにはどうすればよいか？
③知識：情報が不足しているのであれば、どうすればもっと得られるか？
④技術／手段：手段がなければどうすれば得られるか？

次のページで紹介している「リソース・マップ」を参考にして、自分で、あるいはチームでリソースについてブレーン・ストーミングを行ってみよう。

見てわかるように、リソースを探すときに参考となる切り口が用意してあり（236ページ参照）、アイデアをこの用紙にどんどん書き込んでいけるようになっている。たとえば、「新商品の販促プラン」を計画する際に、どのような資源が活用できるかどうかを考えてみる。例にあるように、人材、予算、知識、技術／手段について、それぞれにどのような方法があるのかを自分の中でブレーン・ストーミングしてみよう。

リソース・マップの例

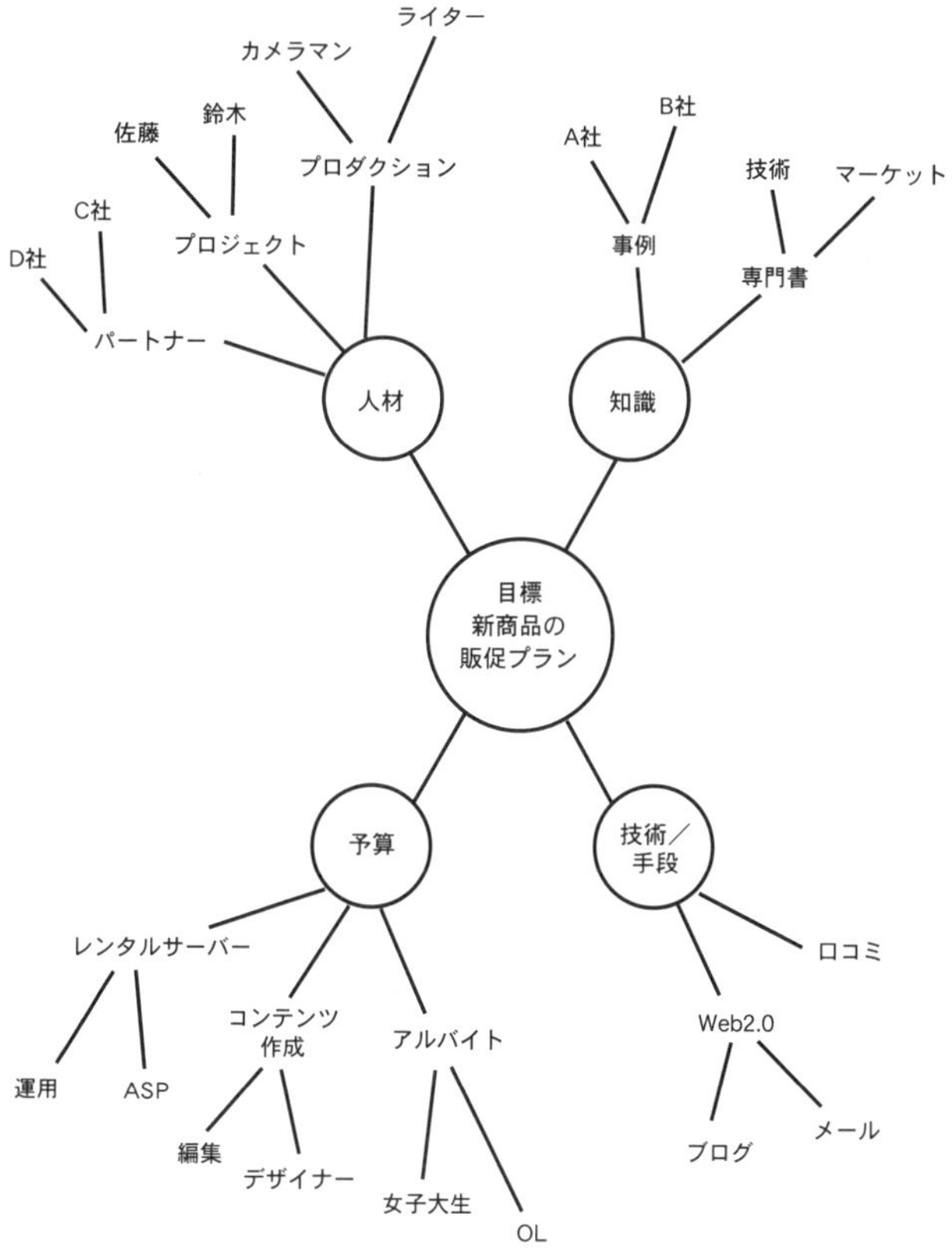

ライター
カメラマン
鈴木
佐藤
プロダクション
B社
A社
技術
マーケット
C社
D社
プロジェクト
事例
専門書
パートナー
人材
知識
目標
新商品の
販促プラン
予算
技術／
手段
レンタルサーバー
ロコミ
コンテンツ
作成
アルバイト
Web2.0
運用
ASP
編集
デザイナー
女子大生
OL
ブログ
メール

プロジェクトの制約要因を特定する

プロジェクトの成功を左右する制約要因は、『PQ　プロジェクト・マネジメントの探究』（キングベアー出版）によると、大きく分けて、品質、納期、コストがある。「良く、速く、安く」とも表現され、プロジェクトの利害関係者（顧客、依頼主）はこのすべてを追求したがるが、現実はなかなかそうもいかない。品質を高くしたければコストや納期に影響するし、低コストを追求すれば品質が犠牲になるといった具合に、品質とコスト、納期はトレードオフ（一方の利益を追求すれば他方が犠牲になる）の関係になることが多くあるからだ。

これらの3つの制約要因を調和させることがプロジェクト・マネジメントの大きな仕事となる。なかにはさまざまな要因が複雑に関連し、判断が難しい場合もあるだろう。そういう場合は3つの要因のうちどれが最重要なのかを、利害関係者に確認する必要が出てくる。すべてを追求するあまりに、何も達成できなかったということにならないように、何が最も優先すべきことなのかを明確にしなければならない。

そこで、想定外の問題が発生して、プロジェクトが遅れそうになった場合、資源（人材、設備、補給品）を追加投入してでも納期に間に合わせるか。それともコストを重視すべきか。その判断をする必要が出てくる。また、当初の予算では、所定の期間内に所定の品質を確保できない場合、追加予算の投入も必要になるだろう。

品質、納期、コストという3つの制約要因はすべて重要だが、ここに優先順位をつけることがポイント

品質、コスト、納期はトレードオフ

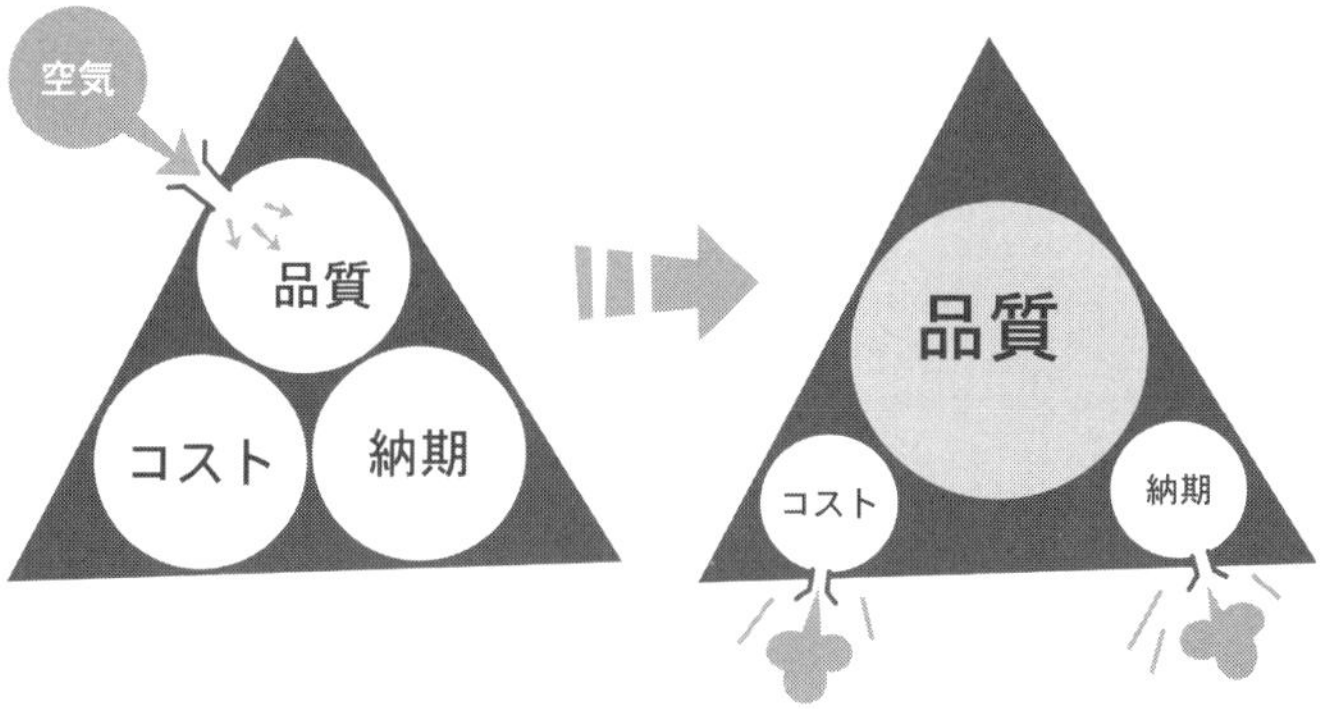

だ。この点をプロジェクトの発注者と確認しておくことができれば、プロジェクト・マネージャーの意思決定は容易になる。

たとえば、納期がイベントと連動して、どうしても遅らせることができなければ、資源を広げるほか解決策はない。しかもスピーディに決断しないと、納期を守ることが難しくなる。また当初の納期では、品質を満たせない状況が生じたとき、コストと納期のどちらの制限を再検討するか、両方とも再計画するのか、決断を迫られる場合もあるだろう。あるいはコストの制約が厳しい場合は、納期か品質を再検討しなければならないケースも考えられる。

撤退は失敗ではない

プロジェクトを開始した当初は、望む結果のイメージも共有でき、実行可能と思っていたプロジェクトであっても、想定外の事態に遭遇したために、望む結果との乖離、調整不可能な制約条件、リソースや予算不足、期間不足などがわかり、断念しなければならない事態になることもあり得る。こうした場合は、早く「撤退する」判断をすることが肝心だ。中止の決断が遅くなればなるほど、被害が大きくなりやすい。もともとやるべきではなかったことを「やらない」と判断するのは、決して失敗ではない。

中止の判断は、理念に合っているかが最も大切になる。しばしば立ち止まり、プロジェクトを自分のコントリビューション・ステートメントと照らし合わせ、自分自身に問いかけることが大切だ。このプロジェクトは自分の価値観に根ざしているか、この時期に行うのは妥当か、自分たちがしていること全体の中で意味があるのか。この基準を満たさないために実行不可能となるプロジェクトもあるはずだ。

次に期限の問題。プロジェクトが通常業務と異なるのは、継続的ではなく一時的なものであるという点である。もし、期限がないとしたら、それはプロジェクトではなく「時間があればやる」という、単なる暇つぶしのような仕事になってしまう。プロジェクトが優先事項であれば、目標となる期限が必要となる。計画段階がある程度進まないと、期限を最終決定することは難しいかもしれないが、おおよその目標は設定できるはず。

実行不可能なプロジェクトかどうかは、次の点から確認してみよう。

・「望む結果」が明確に表現されているか？
・基準が客観的か？
・達成可能か？
・理念に焦点が合っているか？
・期限が決まっているか？

これらの基準に照らしてチェックすると、プロジェクトの今後に有益な指針を得ることができる。

最後から始める

どんなプロジェクトでも、立ち上げ時に決まって直面する障害がある。限られた資源や時間、聖域の存在や政治的な駆け引きといったもので、これらが地雷のようにどこかに埋められていることがある。プロジェクトを、こうした問題が立ちはだかる真正面から見ると、解決するのは困難で時間がかかるように感じられることだろう。

そういうときは、実現させたいと思う最終結果を最初に思い描くといい。つまり「目標を具体的なイメージ」や「1年後の姿」「○○だったらいいなという望む結果」を考えるのである。将来を見るということは、自分と目標との間に横たわる地雷原を飛び越えることを意味する。一旦、方法や技術、手法から離れ、求める結果に意識を集中させてみよう。目指す目的地が一致していれば、方法については最適な道をお互い検討し、新たな道を見つけることができるはずだ。

結果に照準を合わせることでビジョンを共有でき、活力や熱意、肯定的な視点、貢献する姿勢が生まれ、それが方法論に関して協力する糸口となる。逆に「手段や方法、やり方」から考えると、目の前に広がる地雷原に意識が行き、調整に手間取ったり、袋小路にはまったり、プロジェクト自体が空中分解する危険性も考えられる。

こうして求める結果を共有してプロジェクトを成功に導くためには、ビジュアル化→計画→実行→評価（VPIC）という手順を踏む必要がある。VPICというシンプルなプロジェクト管理モデルは、単純なプロジェクトから複雑なプロジェクトまで、また個人的なプロジェクトから専門的なプロジェクトまで、短期から長期のプロジェクトまで応用することができる。

・**ビジュアル化（Visual）**：プロジェクトが完了したときの結果を思い描くこと。当初はメンバー間で思い描く結果や目標に対するビジョンが異なるケースは珍しくない。そこでビジュアル化という手順を踏むことで、プロジェクト・メンバー全員が目標と最終結果を共有することができる。

・**計画（Plan）**：目標を「どうやって」達成するか、「誰が」どんな作業を担当するか、「いつ」「どこで」実行するか、コストは「どれくらいか」を見極める。全体目標を扱いやすい規模に細分化することで実行しやすくする。

・**実行（Inplement）**：コミュニケーション、調整、モニタリング、コントロールによって計画を実行する。またこの段階では、変化への柔軟な対応も求められる。

・**評価（Close）**：最後に目標がどれだけ達成されたかを評価する。プロジェクトの結果を意図した成果と比較し、チーム全員の労をねぎらい、達成感を共有するときでもある。将来のプロジェクトに向けて提携を強化することにもつながる。

プロジェクトをビジュアル化する

さてここから、プロジェクトを成功に導くためのＶＰＩＣのステップに落とし込んでみよう。フランクリン・プランナー、プランナー用タブ（プロジェクトタブとして用いる）、別のプロジェクト・バインダー（完了したプロジェクトを記入する）を用意すると便利だ。そして、プロジェクトの起案から運営管理までを行うのに重宝するのが「プロジェクト・プランナー」フォームである。成功イメージを掴むことに役立つはずだ。

先ほど浮かんだアイデアについて、まず、プロジェクトの定義づけを行おう。ここでは、フランクリン・プランナーのプロジェクト・プランナーを使ってみる。プロジェクト定義欄に「何を・いつ・どこで」というプロジェクトの内容を明瞭に表現したものを書き込んでいこう。

次にプロジェクトが終了したときにどんな状態になっているかを表現した「望む結果」を記入する。そして、さらに、下段にそのプロジェクトに関するリソースや予算を書き込む。

たとえば、「イベント開催」を考えてみよう。イベントは「いつ」「どこで」行うか、そしてそこで「何を」するのか、どんな「プレゼンテーション」を用意するのか、また「集客のための施策」はどうするのかなど、プロジェクトの内容が簡潔にわかるように記入していく。たとえば「6月11日に、得意先200社以上を招待した、新製品発表会をイベントホールで行う」といった表現になるかもしれない。そして、「望む結果」として、「このイベントによって、取り引きが有望な企業を100社程度に絞り込み、営業のサポートをする」などと記入していく。

プロジェクト・プランナー

Project Planner

プロジェクト名　新製品発表イベント

開始日　2007. 12. 7

目標完了日　2008. 6. 11　　完了日

プロジェクト定義（何を、いつ、どこで）

6月11日に、得意先200社以上を招待した、
新製品発表会をイベントホールで行う

望む結果

招待する得意先200社のうちから取り引きが有望視できる
100社程度に絞り込み、営業をサポートする

資源（人員、設備、備品等）	連絡先（電話やEメール）
西郷	saig@×××. co. jp
坂本	sakam@×××. co. jp
WBプランニング（雨宮）	amamiya@wb××××. co. jp

予算	予測 ¥	予測 時間	実績 ¥	実績 時間
1500万円				

メジャーピースとマイナーピース

どんなに大きなプロジェクトであっても、扱いやすいサイズに細分化すれば実行しやすくなる。そうすると、自分のビジョンを実現する方法が具体的に見えてくるために、プロジェクトがストレスになるどころか自然に力が湧いてくる。

このプロジェクトの細分化にもビジュアル化が有効だ。まずは全体像からスタートして、次に各人の責任（誰が何をするか）を明確に特定できるレベルまでプロジェクトを細分化していく。「どんなに困難そうに見える仕事も、分割すればたいしたことはなくなる」とはヘンリー・フォードの言葉である。

メジャーピースが特定されると、プロジェクトの責任が明確になり、管理しやすくなるだけでなく、作業の概略もはっきりする。そして、メジャーピースはさらに小さなマイナーピースに分割することができる。マイナーピースとは、各人に作業を割り当てたり、スケジュールを決めたりすることができるレベルまでプロジェクトを分割したもの。これによって担当者の責任が明確になり管理が容易になる。

たとえば、「販促イベントの開催」であれば、予算、内容、集客、場所、がメジャーピースとなり、内容のマイナーピースは、キーノートスピーチ、プレゼンテーション、展示商品、対応メンバー、などになる。そして、さらにマイナーピースへと分割される（左図参照）。こうして目標をメジャーピースとマイナーピースに分割すると、必要な個々のタスクが見えてくる。タスクとは、一人の人間が短期間で終えられるサイズの作業のこと。小さくて扱いやすく、それ以上は分割する必要のない作業のことをいう。フランクリン・プランナーのスケジュールページにはタスクリストがあり、ここで計画／管理を行い、1日の最後に処理済みや先送りなど評価を行う。なお、タスクの作業サイズは各人各様であり、あなたが分割する必要がないと思うレベルで考えればよい。

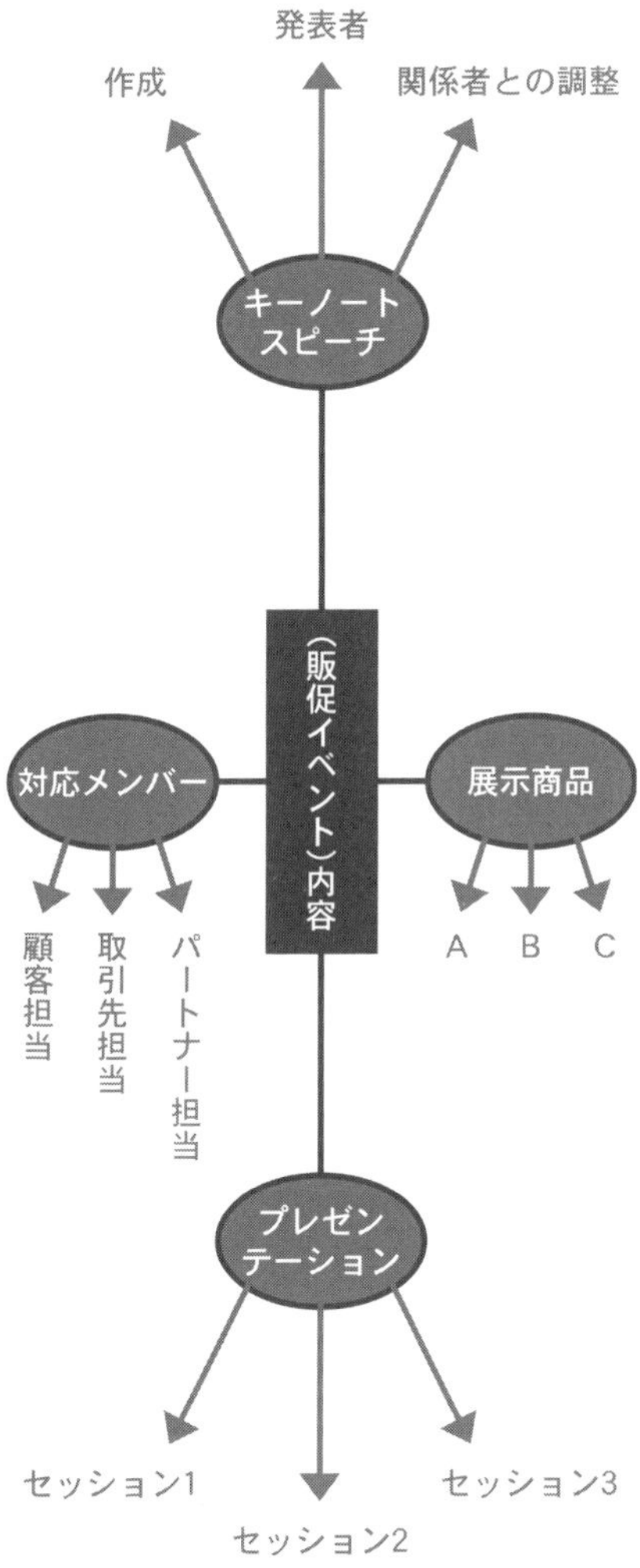

いつまでに行うか

プロジェクトのメジャーピースとマイナーピース、そしてタスクの詳細を決めたら、次はスケジュールを作成する。その際、考えるべき大切なことは、「優先順位」と「所要時間」だ。特に「優先順位」は後述する「クリティカルパス」にも影響するので、きちんと設定しておこう。

①優先順位づけ

プロジェクトの実行段階では往々にして妥協が求められる。譲れない事柄とそうでないものの区別は、プロジェクト開始時点でつけておく必要がある。途中まで進行し、資源の大半を使い果たした後では遅すぎるのだ。だからすべてのタスクに、優先順位をつける必要がある。

Aはプロジェクトの成功に不可欠で何が何でも達成しなければならない最優先のタスク。プロジェクトのピースやタスクの大部分が相当する。

Bはプロジェクトの質を上げるには必要だが、不可欠ではないタスク。

Cは資源に余裕があれば行いたいタスク。

②所要時間

作業にどのくらいの時間が必要かを知るには経験や実績がないと難しいのも事実。そこで過去のプロジェクトで何か類似したタスクを手がけた人から具体的な情報を得ることが近道となる。あるタスクがどれくらいの時間かかるのか、どんな資源が必要か、どんな落とし穴が予想されるのかを知るうえで大いに助けになるだろう。

③スケジュール

スケジュールを作成するにはフォワード・プランニングとバックワード・プランニングの2通りがある。

・フォワード・プランニング：期限が設定されていない場合で、プロジェクトのタスクをすべて検討して、それぞれのタスクに要する時間を合算して目標期間を決定する。その際、タスクの中には先のタスクが終了するまで着手できないものがあることに注意する必要がある。こうして算出した期限に問題があるときは、投入する資源を増やすか、品質面で妥協するか、画期的な作業方法を採用してタスクの所要時間を短縮することが必要になる。

・バックワード・プランニング：株主総会や新製品発表など期限がすでに決まっている場合の計画法。最終段階から逆算しながら、個々のタスクの期限を決めていく。

多くのプロジェクトは、この2つのパターンが組み合わせになっている。今日のビジネスにおいてスピードは最も重要な要件の1つであり、「期日」によって成功か失敗かに分かれることもある。しかし、現実にはリソースに限りがあり、クオリティとの折り合いをつけていくことになるからだ。

誰が行うか

次にそれぞれのタスクを誰が行うかを決める必要がある。プロジェクトの各ピースやタスクについて、担当者を示すイニシャルや名前を「プロジェクト・タスク・マップ」に記入する。この作業はとても重要なポイントとなる。何を行うかを決めることは比較的簡単だが、誰が行うかという点が曖昧になりがちだからである。

これが明確になっていると、計画だけでなく伝達の際にもタスクマップを活用できる。全員がこの情報をもとに自分の役割、スケジュール全般、さらにプロジェクトの全体像を知ることができるからだ。役割分担がはっきりすることによって、指示待ち状態もなくなり、相互の行き違いも少なくなる。担当者が決まると、プロジェクトのどの部分に誰が責任を負うかがはっきりするので、プロジェクトの一部または全体に関して、メンバーの負荷の偏りを発見することにも役立つはずだ。

タスクマップには完了予定日と実際の完了日を書き込む欄が別にある。それぞれのタスクが完了するたびに予定と実際の完了日を見比べるのもいい刺激になるだろう。なお、タスクマップ上で、タスクの優先度を示すＡＢＣ欄の左側に、もう１つの欄がある。ここはタスクの状態を確認するためのもので、左ページ下のような記号を用いる。

プロジェクト・タスク・マップ
Project Task Map

作成者: K　　作成日: 1/8

プロジェクト名:	開始日: 1/10　目標完了日: 3/20　完了日:
定義: ミーティングスペースAのショールーム化	制約条件: 実際の業務に支障を及ばさないよう配慮
期待される結果・目指す状態: ・来客の目に最初にふれるスペースをＰＲの場として活用 ・ソフト（Human+Work）とハード（Facility）のイメージを一線化	予想される障害と対処法:

チェック	優先順位ABC	課題・タスク	担当者	開始日	目標完了日	完了日	予算 予定	予算 実績
	B1	イメージ＆方向性の決定	K		1/20			
	C1	業者選定（コンペ？）	K	1/20	2/10			
	B2	展示物の選定基準	S.T	1/10	1/20			
	C2	予算の概略を提出			2/14			
	A	社内担当者決定（プロジェクトチームと実際の管理チーム）	K		1/10			
		レイアウト、インテリア決定			2/末			

メ　モ

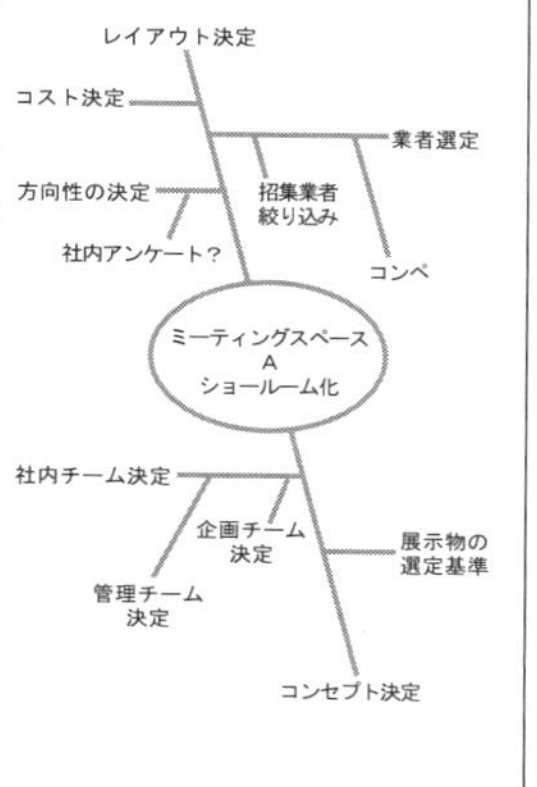

「✓」タスク完了
「→」その日に完了できず先送り
「×」削除したタスク
「○」他人に委任したタスク
「●」進行中のタスク

クリティカルパスを設定する

クリティカルパスとは、あるタスクを行うには、別のタスクがその前に達成されている必要がある状態をいう。そのタスクを達成しないとボトルネックとなり、他のタスクが進まないような状態ともいえる。

複雑なプロジェクトを管理するには、このクリティカルパスを管理するツールが必要になる。その1つがガントチャート（プロジェクト・タイムライン）で、タスクを時間の長さで表したもの。これによってプロジェクト・メンバーは、タスクの期限、相互関係や依存関係が一目瞭然となる。また、ガントチャートは、わずかの遅れでもプロジェクトの期限に大きく影響するクリティカルパスの存在も教えてくれる。

「プロジェクト・タイムテーブル」を使うことで、クリティカルパスを明確にすることができる。まず、フォームの「課題／タスク」と書かれた欄に、プランニングマップに記入したメジャーピースとマイナーピース、それぞれのタスクを順番通りに書き込んでいく。個々のタスクの担当者を「担当者」欄に記入し、タスクごとにＡＢＣの優先順位づけを行う。さらに、右半分の目盛りの部分にタイムラインを書き入れる。フォームでは3ヵ月分の欄が設けられ1目盛りが1日分になっているが、短期プロジェクトの場合は期間や目盛りを適切なものに変えて使用すればよい。

ガントチャートが完成したら、クリティカルパスを確認する。クリティカルパス内のタスクは、どれか1つでも遅れると後続タスクも遅延し、プロジェクトの完了が遅れてしまう。プロジェクトの進捗の確認や現状把握を適切に行うには、このクリティカルパスに注目し、注意深く監視していくことが重要だ。

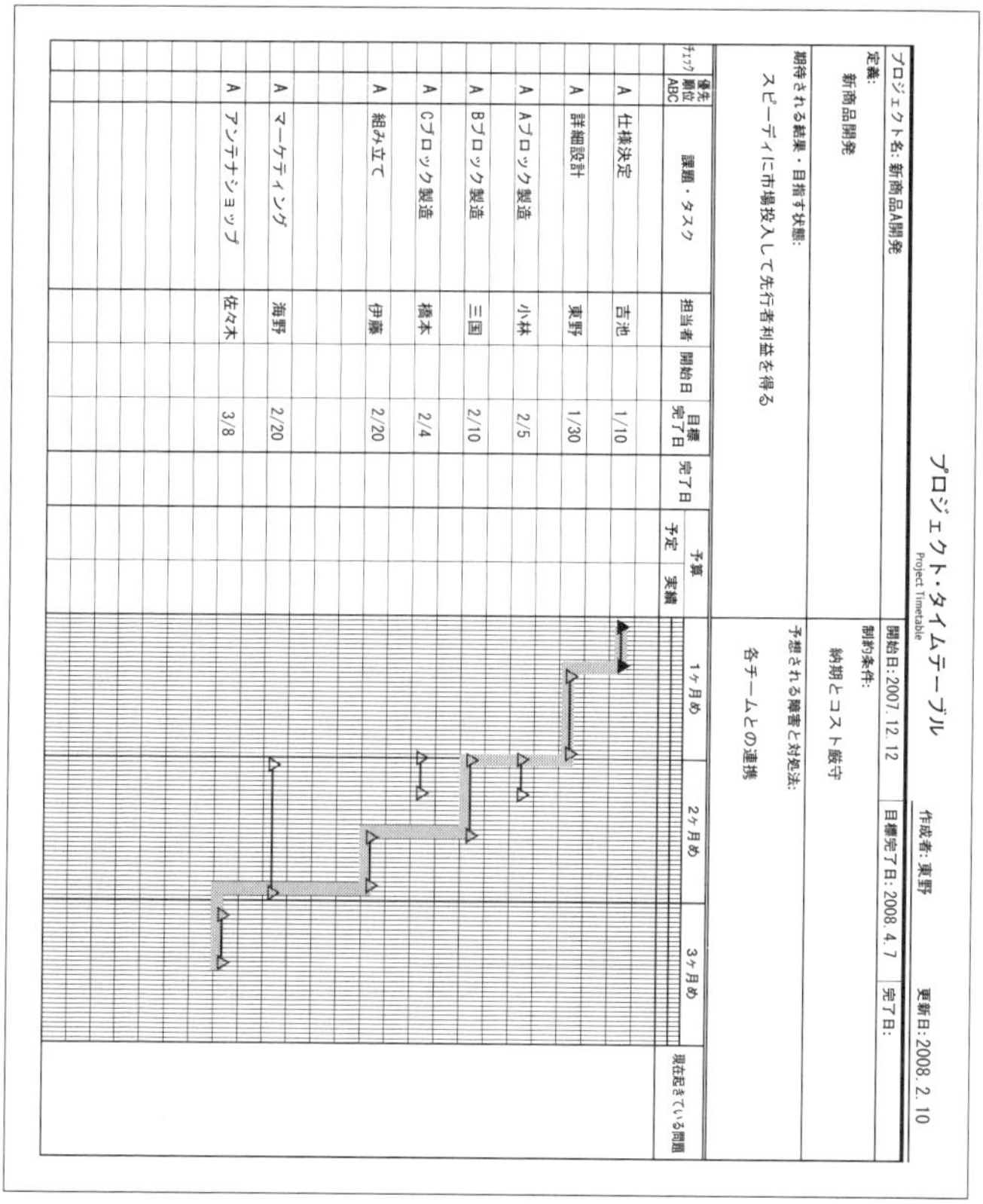
プロジェクト・タイムテーブル
Project Timetable
プロジェクト名：新商品A開発
作成者：東野
更新日：2008. 2. 10
定義：
新商品開発
開始日：2007. 12. 12
目標完了日：2008. 4. 7
完了日：
制約条件：
納期とコスト厳守
期待される結果・目指す状態：
スピーディに市場投入して先行者利益を得る
予想される障害と対処法：
各チームとの連携
チェック
優先順位 ABC
課題・タスク
担当者
開始日
目標完了日
完了日
予算
予定
実績
1ヶ月め
2ヶ月め
3ヶ月め
現在起きている問題
A 仕様決定 吉池 1/10
A 詳細設計 東野 1/30
A Aブロック製造 小林 2/5
A Bブロック製造 三国 2/10
A Cブロック製造 橋本 2/4
A 組み立て 伊藤 2/20
A マーケティング 海野 2/20
A アンテナショップ 佐々木 3/8

行動を計画する

プランを実行してプロジェクト成功させ、目標を達成するには行動を計画しなければならない。あなたは、1日のうち平均何分、計画のために時間を費やしているだろうか？　オフィスに着くなり、おびただしい書類やメール、電話に追われて、1日が過ぎていくような日々を送ってはいないだろうか。それでは、いつまでたっても、あなたが思い描くような結果を得ることはできないことになる。

また、「いつかそのうち時間ができれば……」と考えていたとしたら、実現できる可能性はほとんどないだろう。「いつ」を決めなければ（自分との約束をしなければ）行動に落とし込むことはまずできないからだ。

1日の始めに、「今日自分にとって重要なことは何か」を考え、優先順位について考える時間をとって、1日を計画していく。多くの人は、ぼんやりしている時間はあっても、「計画する時間」をほとんどとっていないのが実情だろう。しかし、計画にほんの少し時間を割くことで、自由に使える時間が逆に増えることが法則的に明らかになっている。計画のためのわずかな時間が「てこ」になって、豊かなたくさんの時間を生み出すのである。

1日のわずか10〜15分を計画のために使うだけで、取り組んでいる課題やその期限が明確になる、大切な事柄に焦点が絞られる、次のプロジェクトへの移行時間が短くて済む、1日の終わりに味わう達成感が大きいなど、そのメリットは莫大かつ多様となり得る。

通勤電車の中や寝る前の時間でも構わない。できるだけ決まった場所、同じ時間帯で、ゆっくり落ち着いた10～15分を確保し、今日行うべき行動と優先事項をじっくりと考えよう。そうすることで、今日1日の計画を本当に納得して行えるようになるはず。これこそが自分で立てた計画を確実に実行するための方法なのだ。

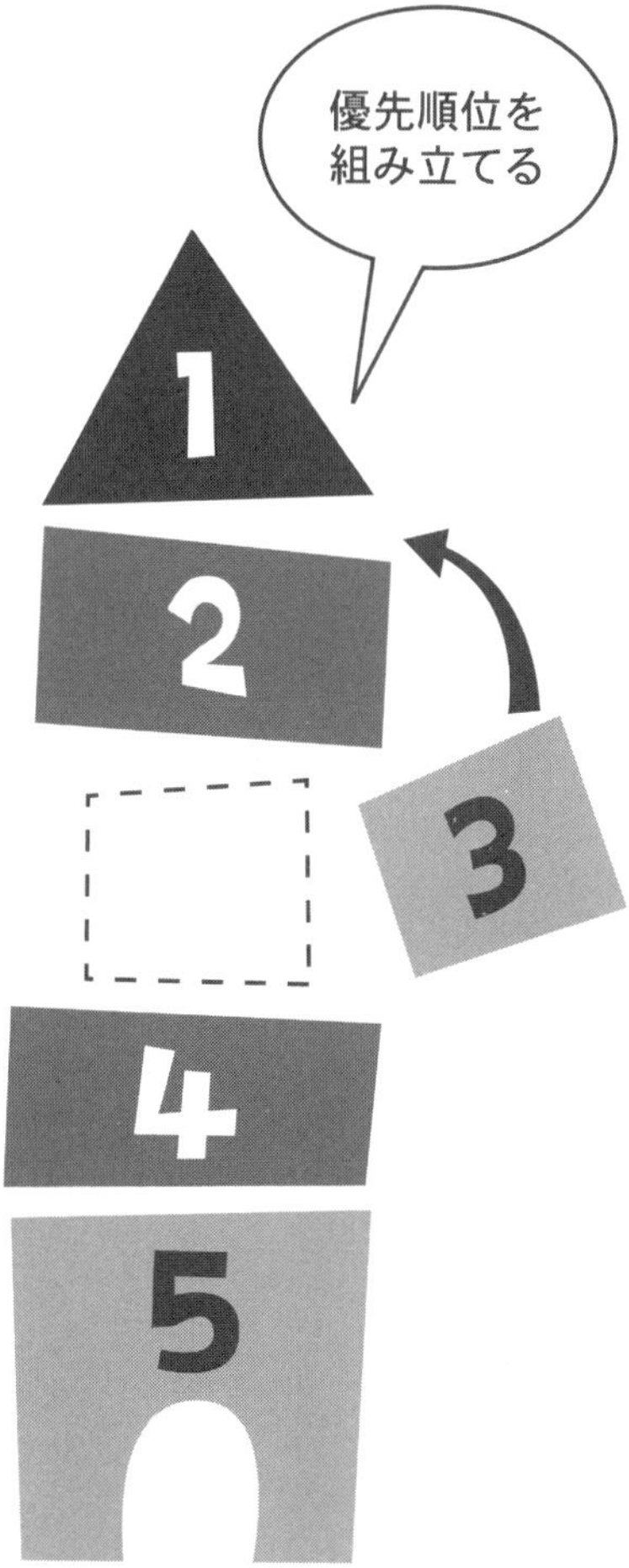

プロジェクト・リーダーとメンバーの役割

どんなプロジェクトでも、一人で完結するものはほとんど存在しない。プロジェクトを進めるうえでは、仕事を部下や同僚、あるいは社外スタッフなどに委任することになる。

そこで、プロジェクト・リーダーの役割を一言で表すと、プロジェクト全体（品質、納期、コスト）の管理ということになるが、特にプロジェクトの「望まれる結果」から軌道が外れていないかを常に管理し、プロジェクト・メンバーへ正確にフィードバックすることが重要になってくる。

また、もう1つ重要なのが、プロジェクトの計画段階で確定したタスクを、各メンバーに振り分ける仕事だ。これはリーダーとしての力量が最も必要とされる作業の1つ。クライアント（顧客や依頼主）のニーズとメンバー一人ひとりのスキル、その両方を正確に把握して、タスクとメンバーを結びつけていく。

一方、プロジェクト・メンバーは、自分の担当するタスクだけでなく、そのビジョンや全体像を把握して、自分の能力とスキルを最大限発揮することが求められる。プロジェクト・リーダーとメンバー間は、もはや主従関係でもなければ、一昔前の上司と部下という関係でもない。オーケストラの指揮者と演奏者の関係にたとえるとわかりやすいかもしれない。プロジェクト・リーダーは指揮者であり、メンバーは演奏者なのだ。

指揮者は観客に感動を届けるという目標に向けて全体のバランスを見ながらタクトを振り、その指揮に応じて演奏者は自分のスキルを最大限に発揮する。そこにあるのは上位下達という関係ではなく、協働者として共通の目標に向かう姿勢だといえるだろう。

プロジェクトの成功には、プロジェクトの制約要因（品質、納期、コスト）に加えて、プロジェクトを推進するリーダーとメンバーの有機的なオーケストレーションが不可欠なのだ。

プロジェクト・チーム・アサインメント

リーダーとメンバーの有機的なオーケストレーションを実現するには、ビジョン共有とコミュニケーションが大切。そして、前述の「プロジェクト・タスク・マップ」に基づいて、メンバーの役割分担を行い、確実に実行する体制を整えることが必要となる。プロジェクトの実行に役立つツールが、「プロジェクト・チーム・アサインメント」だ。

計画の成功には、プロジェクト全体の進捗状況管理と日々のタスクの進捗管理が欠かせない。「プロジェクト・チーム・アサインメント」を用いれば進捗状況を管理し計画を遂行しやすくなる。

各プロジェクト・メンバーのタスク進捗状況が把握できるように、チームメンバーごとに期日、所要時間を記入、完了したらチェックを入れていく。これによって、プロジェクトごとの各メンバーのタスク進捗状況をプロジェクト・リーダーは一覧することができ、プロジェクトの計画的な実行を実現することができるのだ。

一方、プロジェクト・チーム・メンバーは、各自が持っているフランクリン・プランナーの左ページの「今日の優先事項」欄にそれぞれ担当するタスクを書き込み、それを実行していく。これによって、日々のタスクの進捗を管理することができ、プロジェクト・メンバーの有機的な結合によって、プロジェクトは目標通りに遂行することが可能となるはずだ。

プロジェクト・チーム・アサインメント
Project Team Assignments

プロジェクト名：社員旅行「蘇州：水郷の古都めぐり」プロジェクト	記入者：小早川
開始日：2007. 12. 3　目標完了日：2008. 3. 31	完了日：

委託先	安藤			魚住			花田											
課題・タスク	期日	時間	チェック	期日	時間	チェック	期日	時間	チェック	期日	時間	チェック	期日	時間	チェック	期日	時間	チェック
主要行程決定	12/18			12/18			12/18											
宿泊ホテル決定	12/27																	
移動手段の確保				1/20														
食事場所、内容決定	12/15																	
現地コーディネーター選定				12/20														
部屋割り確定	3/15																	
オプショナルツアー選定							1/15											
旅のパンフレット配布	3/20																	
社内告知（掲示、社内メール）				2/14														

効果的な委任

通常、プロジェクトは一人ではなく多数の人との共同作業となる。あなたがプロジェクト・リーダーであれば、計画作業が終わると、タスクを実行してもらう適任者を探して内容を説明し、タスクを委任することになる。また、チームの一員であれば委任を受ける側となる。あなたがチームのメンバーであっても、他の人にタスクの一部を委任することもあるだろう。

しかし、委任した人のタスクが期限通りに終わるとは限らない。資料がそろっていない、相手が休みだったなど、遅れる理由はさまざまだ。しかし、クリティカルパス内のタスクが遅れると、プロジェクト全体の進行に影響がある。こうした状況は任せ切りの場合によく起こりがちなのである。

効果的な委任を行うには、委任者と委任を受ける者のタスクに対する責任を共有（ＡＲＣ委任）し、二人のコミュニケーションをとる必要がある。委任とは、あるタスクの責任を他人に託すだけではない。委任された人はタスクを引き受け、それを完了するのに必要な権限を与えられ、必要な方法と期間の中でタスクを実現する義務を負う。この両者による合意を、ＡＲＣ委任という。

①Authority（権限）：タスクを担当する者は、それを達成するうえで必要な権限を持たなければならない。資源の追加や時間の優先順位の見直しが必要な場合はなおさらだ。

②Responsibility（責任）：最終結果に対する責任は双方が負う。

③Commitment（義務）：タスクを引き受けた者は、合意した期限までに最終結果を実現する義務を負う。

これらの要素のうちどれか1つでも欠けると、委任は失敗する危険が高くなる。効果的な委任を行うには、委任者に義務感を持ってもらうことが大切。そのためにはプロジェクト・タスク・マップを共有し、委任された側にも、期待される結果とプロジェクトの全体像を十分に把握してもらうことが不可欠なのだ。

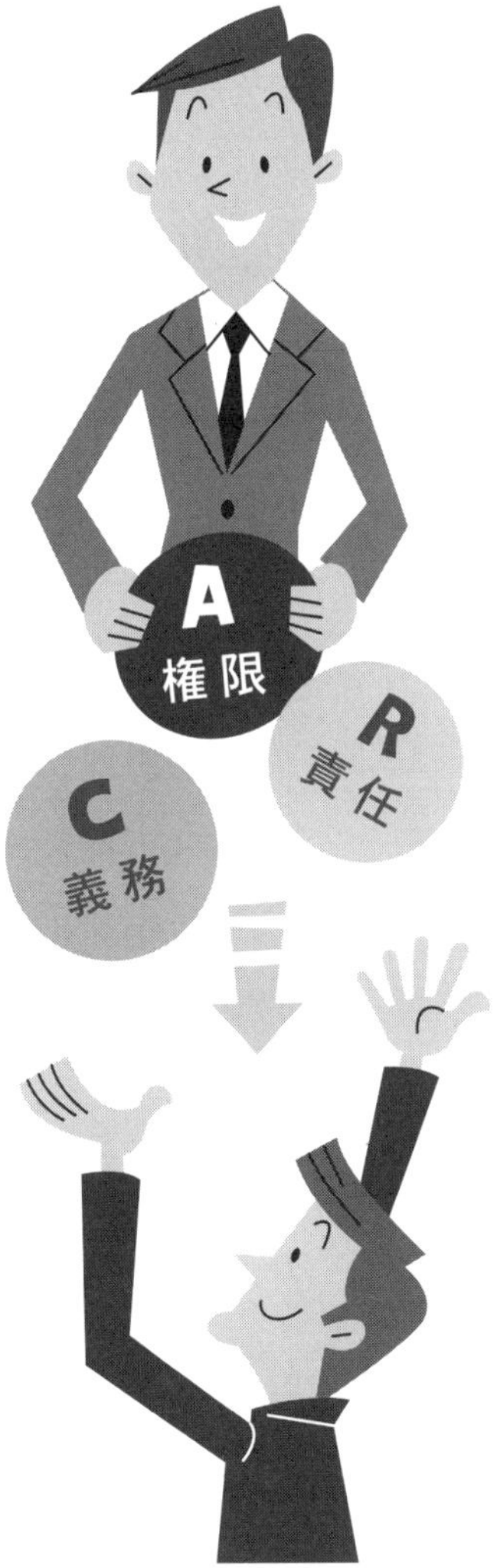

右脳と左脳をフル活用。ライフワークをプランナーで表現

米軍基地従業員　田川美春さん

以前はスケジュール用の小さな手帳とデザイン用の手帳を分けて持ち、アフター5はアクセサリーのデザイン・製作をされていたという田川さんは、フランクリン・プランナーの右ページを使って、クリエイティブな毎日を送っている。

「『毎日ワンデザイン』というタイトルで、右のページにデザインを毎日1個描くことにしています。特に気に入ったものは何日かかけて仕上げるものもあります。その場合は毎日新しいページに前日の絵を写し取り、その上にデザインを加えていくので、最初の書き出しから完成までをペラペラ漫画（ページをペラペラ速くめくると動いているように見える漫画）のように見ることができます。最終的に完成したもので、「これは！」と思う作品（ページ）はプランナーから外して別フォルダーに保管します。

日々の本業とは全く異なる分野ですが、毎朝始業1時間前にオフィスに到着し、コーヒーを飲みながらその日の「ワンデザイン」を考え、右ページに描きます」

プランナーによってアイデアが増えていくだけではない。リラックス効果やライフワーク全体に影響

しているともいう。

「創造力ということで右脳を活性化できるうえ、好きな絵を描くことでとてもリラックスできるんです。描いているときは楽しいので自然と笑顔がこぼれますし、本業とは全く関係のないこの朝の1時間の作業が、実はその日1日の仕事だけでなくライフワーク全体に大変有効な頭と心の準備体操となっているのでは？　と最近実感しています。

毎朝の就業前に行うデザインの時間は、将来、自分の技法を全国に広める、教室を持つ、テキスト本を書く、全国に仲間を持つ、という私の人生の大きな目標および自分にしかできない貢献を達成するための1つの手段です。その副産物が『右脳の活性化、1日中ニッコリ、ライフワーク全体の向上など』なんですね。私の場合、両方の脳が助け合って、いつもクリアしています。脳と心身は鍛えるべし！ですね。

もちろん早起きで朝ご飯もしっかり食べる＝『健康』も含まれています」

第3章

ビジネスを成功させるタイム・マネジメント

効率性と効果性

タイム・マネジメントと聞くと、いかに効率よく時間を使うかということだと錯覚していないだろうか。たとえば、あなたは空いている時間があれば、予定を押し込み次から次へと仕事をこなしているかもしれない。24時間の中に120％のスケジュールを詰め込み、てきぱきと仕事をこなすことで、周りからはできる人という評価を得ている人もいるかもしれない。

それは確かに効率的なタイム・マネジメントだ。しかし、その中であなたの最も大切なことに費やした時間はどれだけあるだろうか。「最も大切なことに時間を費やすことができなければ、どんなに効率よく仕事をこなしても、心の安らぎを得ることはできません。また、仕事に追いまわされて家族と過ごす時間が少なければ、家族との絆を深めるという効果を得ることもできません」と、フランクリン・コヴィー・ジャパンの竹村富士徳氏は話す。

タイム・マネジメントには、物事を効率よくこなすことと、効果を得るという2つの側面がある。従来のタイム・マネジメント法には効率を追求したものが多く、効果を意識したタイム・マネジメント法はあまりなかった。しかし、ビジネスで成功を収め、心の安らぎを得るタイム・マネジメントは、効率と効果の双方を満足させることが大切なのだ。

「効果の高いタイム・マネジメントを行うには、一度効率性を重視する時計のパラダイムを忘れ、効果を表すコンパスのパラダイムを身につけることが必要です。効果とは、あなたが自ら望む方向へ進むことができたときの達成度であり、そのときの達成感です。したがって、あらかじめどの方向に進むべきかを考えておかなければ、効果を得ることはできません。歩むべき道を間違えていたら逆効果になってしまうからです」（竹村氏）

そこで大切になるのが、あなたの価値観だ。たとえば、あなたが誠実という価値観を大切にしているのであれば、顧客のクレーム対応にも誠実に対応するはず。逆にお金という価値観を大切にしているのであれば、報酬の高い会社を渡り歩くかもしれない。つまり、価値観はあなたの人生という道を導くコンパスの役割を果たすものといえる。

あり得ない25時間目の使い方

もし、1日が25時間あったら、あなたはその25時間目をどのように使うだろうか？　さらに仕事を入れる、趣味で過ごす、旅行する、恋人や家族と一緒に過ごす、スキルアップを図る、普段やれないことをやる、夢の実現に向けて取り組む、最も大切なことで時間を過ごす……。フランクリン・コヴィー社のセミナーに参加した人の調査では、ほとんどの人が普段やれないことや最も大切なことに取り組むと答えている。

「たとえば、身につけたかった技術やスキルを学んだり、夢の実現に向けて頑張ったりすることなどです。実は、それこそがあなたにとって最も大切なことのはずではないでしょうか。本当はそれらに時間を費やしたいのだけれど、忙しくて時間が足りないというわけです。しかし現実は1日24時間であり、25時間目は永遠に来ることはありません。そうなると最も大切なことに費やす時間も永遠に来ないことになります」

（竹村氏）

多くの人は「いつかはきっと」「今度は」と思いながら、最も大切なことを先送りしてしまう。ビジネスで成功するには、毎日のルーティン仕事だけでなく、新たな課題に取り組むために自分の能力やスキルをアップしなければならない。それが25時間目だったら？　長期間にわたるビジネスの成功は難しい。

「タイム・マネジメントにおいては、24時間の中に最も大切なことに取り組む時間を確保しなければならないのです。それができないタイム・マネジメントは失格です。効率と効果の双方を実現できるタイム・

マネジメントこそが必要なのです。それを身につけることができれば、ビジネスの成功に加えて、もっと心が安らいだ毎日を送ることができるに違いありません」（竹村氏）

最優先事項を発見する

今日は金曜日。でもあなたは今週予定していた重要な活動のいくつかを完了していない。上司の割り込み仕事、不意の来客、クレームなどの緊急対応に追われ、結局あなたの時間をすべて費やしてしまった。その結果、あなたはこの週末、自分のスキルアップのための時間や家族とのコミュニケーションを楽しむ代わりに、積み残したタスクに取り組まなければならない羽目に陥ることになるだろう。

こういうことが再び起きないようにするにはどうしたらいいだろうか? そのためには、最優先事項のために時間を確保することが必要だ。しかし、あなたはしばしば緊急な事柄の対応に振りまわされてしまい、より重要な優先事項が押しのけられてしまう。

「それなら、仕事の計画はやめて自分の好きなことだけをやればいい」というわけにはいかない。それではビジネスを成功させることができないことはもちろん、あなたと一緒に仕事をしている人々にも悪影響を与えてしまう。

問題は、本来費やすべきところに時間を使わず、費やすべきではないところに時間をかけてしまったということなのだ。結果的にあなたが時間に振りまわされていると感じるのは、あなたが「本当にやるべきこと」を計画できていない(実行できていない)ことを意味している。

ではあなたにとって最優先事項とは何か? あなたが今行っているタスクは本当に重要なことだろうか。そのタスクを行う前に、次の質問に答えてほしい。

・**これは、今しなければならないことか？**
・**これは、本当にしなければならないことなのか？**
・**この活動／タスクは重要な目的の達成に役立つものなのか？**

もしこれらの質問に対して1つでもノーと答えた場合、その事柄は恐らくあなたにとって最優先事項ではない。最優先事項に焦点を絞るということは、重要な事柄にイエスといい、緊急であるがために重要と錯覚する、実は重要でないタスクにノーということを意味する。

そして、その何をすべきかを考えるうえで、大切なフレームになるのが次に紹介する「時間管理のマトリックス」だ。

時間管理のマトリックス

あなたは緊急性や重要性を意識して、毎日仕事をしているだろうか？　上司に依頼された事柄や、顧客のクレーム、取引先の要望など、次から次に発生する仕事をこなしているだけはないか？　それでは、いつまでたっても最優先事項に取り組むことはできない。では、どのように最優先事項を発見したらいいのか？　そのために役立つのが、緊急と重要を整理する時間管理のマトリックスだ。

仕事で忙しいあなたの手帳は、予定でいっぱいになっていることだろう。今日はA社とB社の商談、明日はC社の新製品開発の打ち合わせ、日曜日は家族と映画……。このままでは、あなたの手帳は、今後さらに黒くなるかもしれない。でも、やみくもにスケジュールを埋めていくと、当初の目標を見失い、気力も体力も摩耗してしまいかねない。ビジネスで成功するには、最優先事項にフォーカスして取り組む必要がある。単に思いを巡らせているだけでは、一向に具体化できない。

どうしたらそうした時間を確保できるのか？　それは、毎日の出来事の中で、「緊急なこと」と「重要なこと」を区別し、重要性と緊急性を踏まえたうえで計画し、行動することが必要だ。

1週間の計画を立てるときに、縦軸に「重要」と「重要ではない」、横軸に「緊急」と「緊急ではない」と置き、4つの領域に分類したマトリックスを使って、あなたの来週のタスクを考えてみてほしい。あなたのすべてのタスクは左図の「時間管理のマトリックス」のように「緊急」「緊急でない」「重要」「重要でない」で分類された4つのいずれかの領域に分類されるはずだ。

	緊急	緊急ではない
重要	**第Ⅰ領域** 危機・災害 病気 せっぱ詰まった問題 クレーム対応 プロジェクトの報告ミーティング 部門内の戦略ミーティング 重要なお客様へのプレゼンテーション	**第Ⅱ領域** 企画の下調べ 次のプロジェクトの計画 自分のスキルアップのための時間 健康維持のためのスポーツやダイエット リフレッシュ
重要ではない	**第Ⅲ領域** 多くの電話 突然の来訪 多くの会議 重要でないミーティング	**第Ⅳ領域** 暇つぶし テレビの見過ぎ インターネットのやりすぎ 単なるおしゃべり

たとえば、来週すでに予定されているプロジェクトの報告ミーティング、部門内の戦略ミーティング、重要なお客様へのプレゼンテーションなど、「重要」で「緊急」な活動計画があるかもしれない。また、さして重要ではない、形式どおりの会議や報告書の作成といったタスクもあるかもしれない。

では、「緊急ではないが重要」な活動は計画されているだろうか。あなたのコントリビューション・ステートメントの実現にかかわることであったり、自分の成長や仕事やプロジェクトを効果的、効率的に行ったりするためのタスクだ。具体的には、企画の下調べ、次のプロジェクトの計画、自分のスキルアップのための時間、健康維持のためのスポーツやダイエットなど、「あなた自身の将来にとって本当に重要なこと」だ。

あなたにとって、本当に大切なことは、この「緊急ではないが重要」ことをいかに計画し、実行できるかということになる。もちろん、「緊急で重要」な事柄は待ってはくれないので、確実に処理をしなければならない。しかし、この「緊急ではないが重要」な活動によって、そういった「緊急で重要」なことを防いだり、あらかじめ予測できたりすることもできるようになるはずだ。

さて、現在あなたが取り組んでいるタスクはどこに位置しているだろうか？　先週と今週の行動または予定を4つのマトリックスに分類してみてほしい。そして、「緊急ではないが重要なこと」と「緊急で重要なこと」がきちんとバランスがとれているかどうかを確認してみよう。「緊急で重要」な領域ばかりにタスクがあるなら、「緊急ではないが重要」なことの計画が十分ではないことになる。1週間や1日の計画を立てる際に、ぜひこの「時間管理のマトリックス」に活動を当てはめ、計画を立ててみてほしい。

	緊急	緊急ではない
重要	第 I 領 域	第 II 領 域
重要ではない	第 III 領 域	第 IV 領 域

第Ⅱ領域での活動が成功率を高める

ビジネスにおいて、プロジェクトの成功やあなた自身の成長につなげていくには、第Ⅱ領域の比率を高くしなければならない。第Ⅱ領域は、緊急ではないが重要なことであり、たとえば、トレーニング、事前の段取りや計画づくり、スキルアップなどを行う領域だ。これらに取り組むことによって、ルーティンワークをこなしながら自分の能力アップを図ることができ、ビジネスでの成功をより確かなものにすることができる。

第Ⅱ領域の活動を確実に行うには、自分を取り巻く状況をコントロールしなければならない。やらなければならないことすべてに目を配り、次に優先順位をつけ、最初に片づけるべき重要なことを最初にやり、やらなくていいことには「NO」といわなければならない。そうするためには、事前に「第Ⅱ領域」の活動計画を立てるという効果的な習慣を身につけることが必要になる。

具体的には時間管理のマトリックスを使って自分の最優先事項に焦点を絞り、あなたの優先事項を計画する。そして、重要かつ緊急の事柄を想定し、そのための対策について計画する。

①あなたの重要なプロジェクト、コントリビューション・ステートメントの実現、あなたの将来の成長につながる、主要な優先事項（第Ⅱ領域活動）を書き出す。

②各優先事項それぞれについて適切な時間を、毎週の予定に確保する。

③起こり得る緊急な事態を想定し、対策を計画、準備する。

④緊急の事柄に直面するたびに、重要性を識別するための3つの質問（これは今しなければならないことか？　これはそもそもしなければならないことなのか？　この活動／タスクは重要な目的の達成に役立つものなのか？）をすることを自分と約束する。

優先事項に焦点を絞るためには、重要な優先事項には「YES」、緊急だが重要でない事柄には「NO」といわなければならないということを覚えておいてほしい。第Ⅱ領域での活動を増やしていくことで、ビジネスはもちろん他の分野での成功率も高まるはずだ。

大きな石を先に入れる

目の前に、砂、小石、大きな石があると想像してほしい。あなたは、それらをできるだけたくさんバケツに入れなければならない。全部の石をバケツに入れるのに一番いいやり方は、まず大きな石をバケツの中に入れ、その後小さな石を入れ、最後に砂がすき間に収まるように入れる方法だ。

日々のスケジュールもこの原理と同じ。バケツは、タスクをこなす時間（1日、1週間、1ヵ月、1年など）に相当する。砂や石は、おしゃべりや気晴らし、テレビを見ること、電話など個々のタスクだ。

第Ⅱ領域に使う時間を増やせば、第Ⅲ領域や第Ⅳ領域で過ごす時間が物理的に減るだけでなく、第Ⅰ領域に割く時間も大幅に減らすことができる。

ビジネスやプロジェクトの成功や自分の成長につなげるには、時間管理のマトリックスを使いこなし、緊急性ではなく重要性によってタスクを計画すること、つまり、緊急ではないが重要な「大きな石」を先にスケジュールに入れ、それから重要度が低いタスクをその他の時間にスケジューリングすることが必要になる。

そうすることで、あなたはより効果的に時間を使えるようになり、最優先事項にフォーカスできる。

では実際に確認してみよう。この1週間を振り返ってみてほしい。重要なプロジェクトや自分が価値を置いている人間関係から注意をそらすような、本筋には全く関係のない事柄にどのくらい時間を費やしていただろうか？　第Ⅲ領域や第Ⅳ領域で消費した時間があったら、どんな重要な活動を達成することができたのか？　もしかしたら、第Ⅱ領域にもっと時間を使えたのではないか。
次に来週の予定を考えてみよう。たとえば、顧客に提案する企画書作成の準備、重要な会議、資格試験の準備、将来の計画の他に、重要でない打ち合わせ、毎日の電話、電子メール確認、他人からの割り込みタスクなどがあったとしよう。まずは、緊急ではないが、重要な「大きな石」（企画書の準備、重要な会議、資格試験の準備）を、スケジュールに入れてほしい。

小さな石を先に入れると
大きな石はすべて入らない

残った石はあまり重要ではない

関心の輪から影響の輪へ

プロジェクトを成功させ、ビジネス・パーソンとしての成長を考えるのであれば、自分がコントロールできる事柄にフォーカスすることだ。コントロールできる事柄かそうでないかを見分ける簡単な方法は、関心の輪と影響の輪（『7つの習慣』）を考えることだ。影響の輪にある事柄はあなたがコントロール可能なものであり、それを大きくすることでビジネスの成功、夢や目標を実現することができるようになる。

私たちの毎日は、人との出会い、多くの出来事や事件で成り立っている。テレビや新聞を見れば、地球の裏側の出来事も知ることができる。しかしそれらは、あなたがどんなに努力しても、影響を及ぼすことが難しいものがほとんどだろう。

つまり、世の中には、関心の輪と影響の輪がある。関心の輪とは、あなたが関心を寄せている事柄だ。たとえば、収入、健康、天気、旅行、車、映画、友人、恋人、ボランティア、株、世界経済、平和……。161ページの図のように「関心の輪」を描くことで、関心を持っている事柄と関心を持っていない事柄とを分けることができる。

そして、関心の輪に入っている事柄のうち、自分がコントロールできる事柄と、コントロールできない事柄のあることがすぐにわかるはずだ。コントロールできる事柄や影響できる事柄の範囲は、「関心の輪」の内側に「影響の輪」として描くことができる。

影響の輪以外は、自分のエネルギーをどんなに集中してもコントロールすることはほとんど不可能だ。

常に周囲に不満を持ち、できないとか不可能だとか、ネガティブな考えを持つ人の多くは、景気、上司や他人の行動・考え、会社の評価など、自分ではコントロールできない事柄ばかりに精力を集中している。その結果、影響の輪に向けるエネルギーが少なくなり、影響の輪はどんどん小さくなる。

反対に影響の輪の中の事柄にエネルギーを集中すれば、周囲に影響を及ぼし、成果が上がり、影響の輪を広げることができる。やるべきことがはっきりすれば、その実現に向けた意欲も湧き、それに沿った情報収集や行動によって、実現に近づき、影響力は強くなる。あなたの熱意と意欲が伝われば、相手の心も動くはずだ。

影響の輪の中の事柄にエネルギーを集中できる人こそが、コントロールを高めることができる。関心の輪から影響の輪へ意識を向けて行動するようにしよう。

安心領域からの脱却

「影響の輪」の中に集中するというのは、できることしかしないという意味ではない。逆に「できることしか行わない」のでは、あなたの能力が開発されることはなく、同じことばかりを繰り返すことにもなりかねない。

経験があることや自信があることだけを行うのは、心地いいものだ。少しチャレンジしたところで、すぐにかつての場所に戻りたくなってしまうのが人情というものだろう。左ページ下のイラストのように、傾斜に逆らって坂を上っても、すぐに元の場所に転げ落ちてしまい、今までいた場所で止まってしまう。このような領域を「安心領域」という。しかし、この安心領域にずっととどまっていたのでは、あなたの成長は止まってしまうか、遅くなってしまうだろう。

あなたの現状の力をきちんと認識し、少しストレッチした目標を立て、チャレンジしてみよう。それがあなたの影響の輪を少しずつ広げていくことにつながる。

新しいプロジェクトへの挑戦、新しい商品への取り組み、新しいお客様へのアプローチ、新しい業務へのチャレンジ、新しいメンバーの教育など、少し考えれば、新しい仕事への取り組み材料はいくらでもあるはずだ。新しい領域に積極的に取り組むことで、少しずつあなたはパワーアップしていけるだろう。

関心の輪と影響の輪

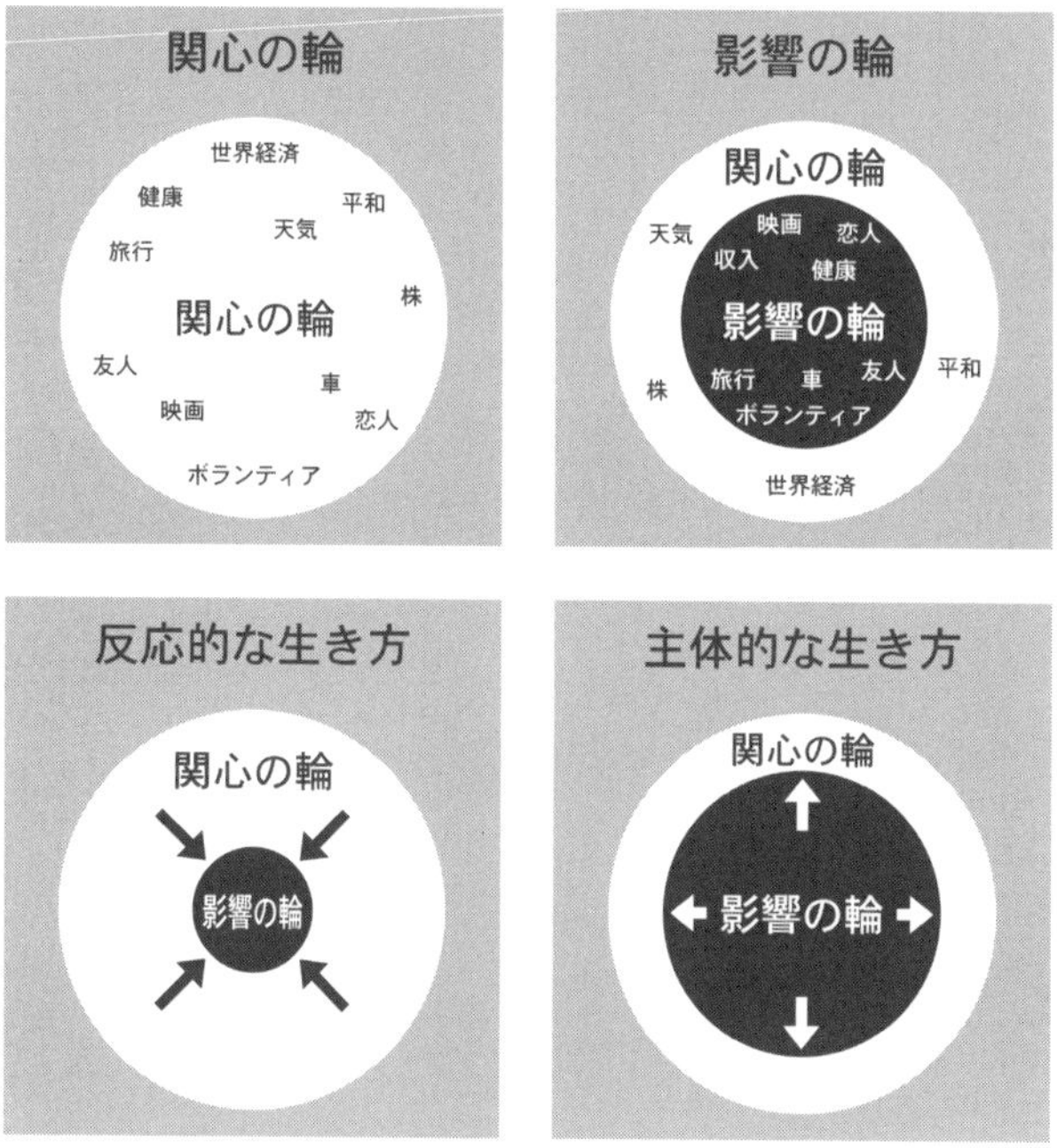
関心の輪
世界経済
健康
平和
天気
旅行
株
関心の輪
友人
車
映画
恋人
ボランティア
影響の輪
関心の輪
天気
映画
恋人
収入
健康
影響の輪
旅行
車
友人
平和
株
ボランティア
世界経済
反応的な生き方
関心の輪
影響の輪
主体的な生き方
関心の輪
影響の輪

安　心　領　域

バラバラなシステム

すでにあなたは手帳やPDAなど、何らかのプランニング・システムを使っていることだろう。ただ、昨今は社内のネットワークを通じて会議や顧客訪問の予定が入ってくるので、それらの予定を書き直さなければならないことも多いはず。また、得意先や取引先からの電子メールでスケジュールが次々に決まっていくだけでなく、外出時には携帯電話に予定やタスクを入れたりすることもあるかもしれない。

このように、バラバラなプランニング・システムの状態で仕事を行っていると、ダブルブッキングや抜け、必要なタスクの実施忘れ、確認もれが発生しかねない。では、複数のツールを使いつつ矛盾なく整合性がある統合的なプランニングを行うにはどうしたらいいだろうか？

利用可能な各種ツールや、そうしたツールをより大きなプランニング・システムに統合するには、可搬性はどの程度重要な要素なのか、そしてどのような機能が必要なのかについて検討する必要がある。

可搬性

ビジネスには、移動中の時間もあれば、取引先や工場内での作業といったことも日常茶飯事だ。自分のビジネスの状況を考えて、常にプランニング・システムにアクセスできるようにしておくことが重要となる。どの程度の頻度で移動中に情報へのアクセスが必要なのか考えよう。また、通常はどのような情報が必要か、アクセスが必要な場合にどのような活動を行うのかも検討する。

機能性

ビジネスを行う際に、どのような機能が自分にとって必要か、何を中心に備えればいいのかを検討する。あなたが1日中走りまわる営業職ならばアポイントメントが中心になるだろうし、調査部門であれば、記録が中心となるだろう。必要なプランニング・システムの機能をビジネスのスタイルに合わせて考えてみよう。

プランニング・ツールの統合

プランニング・ツールを自分なりに統合するには、自分のビジネスに必要な機能（活動）を知らなければならない。多くのビジネス・パーソンの場合、計画、スケジュール、記録と検索の3つの機能が必要とされるはずだ。

またいずれの機能にも、タスク、アポイント、ノート、コンタクトといった情報管理が求められる。私たちの仕事は複雑化、難解化しており、もはや1つのプランニング・ツールで管理するのは難しくなっている。たとえば、フランクリン・プランナーで計画し、PDAでコンタクト情報を管理し、ノートPCなどで記録、検索するといった複数のツールが必要になるかもしれない。

ただし、その場合、それぞれのツールがどのように、計画の活動と連携するのか、他のツールと連携するのか、独立して機能するのかを確かめる必要がある。

計画の活動と連携する

独立した住所録は、リストを管理できるが、タスクやアポイントメントと同期をとることはできない。パーソナル管理ソフトやグループウェアのようなツールは、ノートやコンタクトを記録・検索するだけでなく、タスクやアポイントメントのスケジュール化との連動を可能にする。

他のツールと連携する

もし、すべての活動をカバーするために2つ以上のツールが必要であれば、各ツールがどのようにツールと連携するか検討することが大切になる。データの流用性だけではなく、同じケースに入れるといったハード仕様の連携も含んでいる。

独立して機能する

独立したツールを使う場合には、そのツールのメリットがあるのかよく検討する必要がある。たとえば職場から離れている場合、仕事で定期的に詳細なノートをとったり、図やフローチャートを描いたりしなければならない場合、次の点についてよく検討してみてほしい。

・ノートをとるのに自分にとって最も簡単な方法は何か？
・図を描くのに最も簡単な方法は何か？
・PDAあるいはノートPCで素早くノートや図を描くことができるのか？
・ノートをとり始めるまでどの程度の準備時間があるのか？
・自分のツールはどのくらい小型でなければならないか？

どのようにシステムを統合すればいいのか

あなたのビジネス・スタイルに合った効果的なプランニング・ツールを持つために、あなたに必要な機能と連動性を確認してみる必要がある。

まずは、計画、スケジュール、記録と検索において具体的にどのような活動があるのかを書き出してみよう。

計　画
・毎日、毎週のタスク管理 ・年間計画 ・目標管理 ・価値観・ミッション
スケジュール
・毎日のスケジュール ・１ヵ月見開きのスケジュール
記録と検索
・商談記録 ・会議記録

次に「プランニング・システム・ツール配置」（左図）を参照して、各機能を考えた場合、自分にとってどんなツールがいいかを配置してみよう。

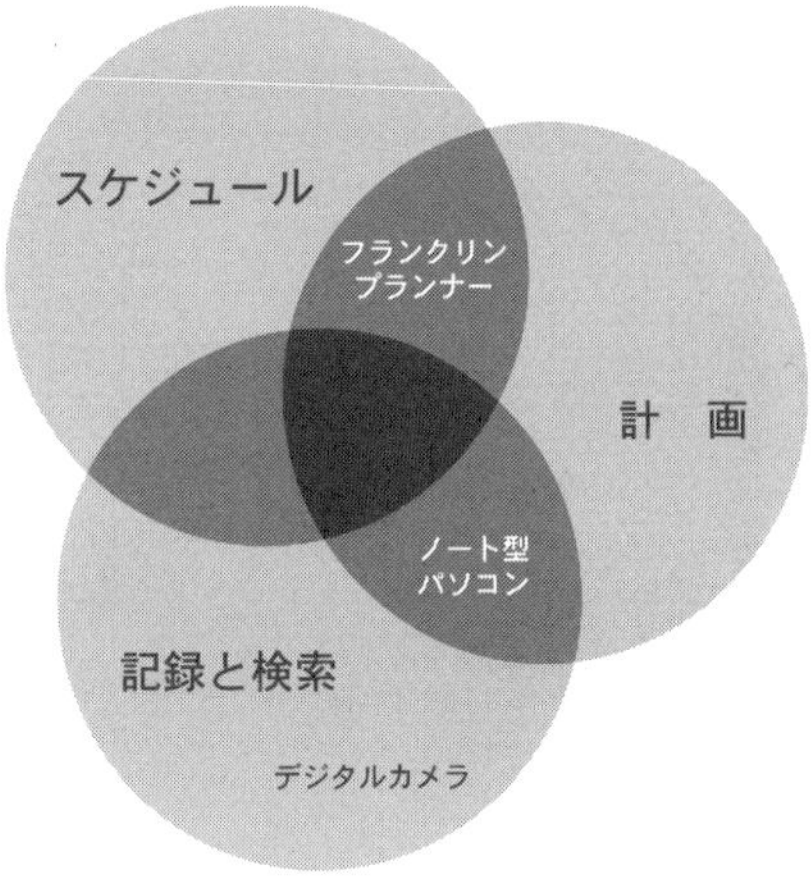

図を参照して次のポイントに答えてみよう。

・あなたが現在、使っているツールは、必要な3つの活動タイプをそれぞれどの程度サポートしているか？

・あなたの現行ツールでサポートされていない活動領域があるか？　あるとしたらそれは何か？

最適なプランニング・システム

前項であなたにとって最適なプランニング・システムの目安はついたと思う。ただし、プランニングの目的は、単なるスケジューリングではなくビジネスでの目標を達成させることにある。そのためには、すべての行動の土台となる価値観を発見し、それに基づいて目標を設定、行動に結びつけなければならない。最適なプランニング・システムであるためには、自分の将来に向け、何をすればいいのかをしっかりと語り、教えてくれる「計画する」ツールでなければならない。

ここで、あなたのプランニング・システムの中核になるツールが必要になる。可搬性に優れ、さまざまな機能と連携しやすいツールを持つことが、効果的なプランニングに直結するからだ。その意味で、常に持ち運ぶことができるだけでなく、いつでも「行動を計画し、行動を管理」できるフランクリン・プランナーは中核ツールとしての役割を備えているといえるだろう。

ところで、タイム・マネジメントは時間を管理することだと誤解している人が多いのだが、1日＝24時間を変えることはできないのだから、時間は管理できるはずもない。あなたができるのは、行動（何かをすること）を計画し、行動を管理（作業時間を配分）すること。フランクリン・プランナーは、価値観に基づいたあなたの行動を管理しやすいツールだ。

「行動を計画し、行動を管理する」だけで、仕事はずいぶん捗るようになるだろう。さらに、価値観に基づいて行動に優先順位をつけることによって、ビジネスに成功するだけなく、夢（本当にやりたいこと）にも取り組みやすくなるはずだ。フランクリン・プランナーを使うことで、ビジネスの成功はもちろん、あなたの夢を実現する可能性が広がっていくに違いない。

フランクリン・プランナー　スターター・キット

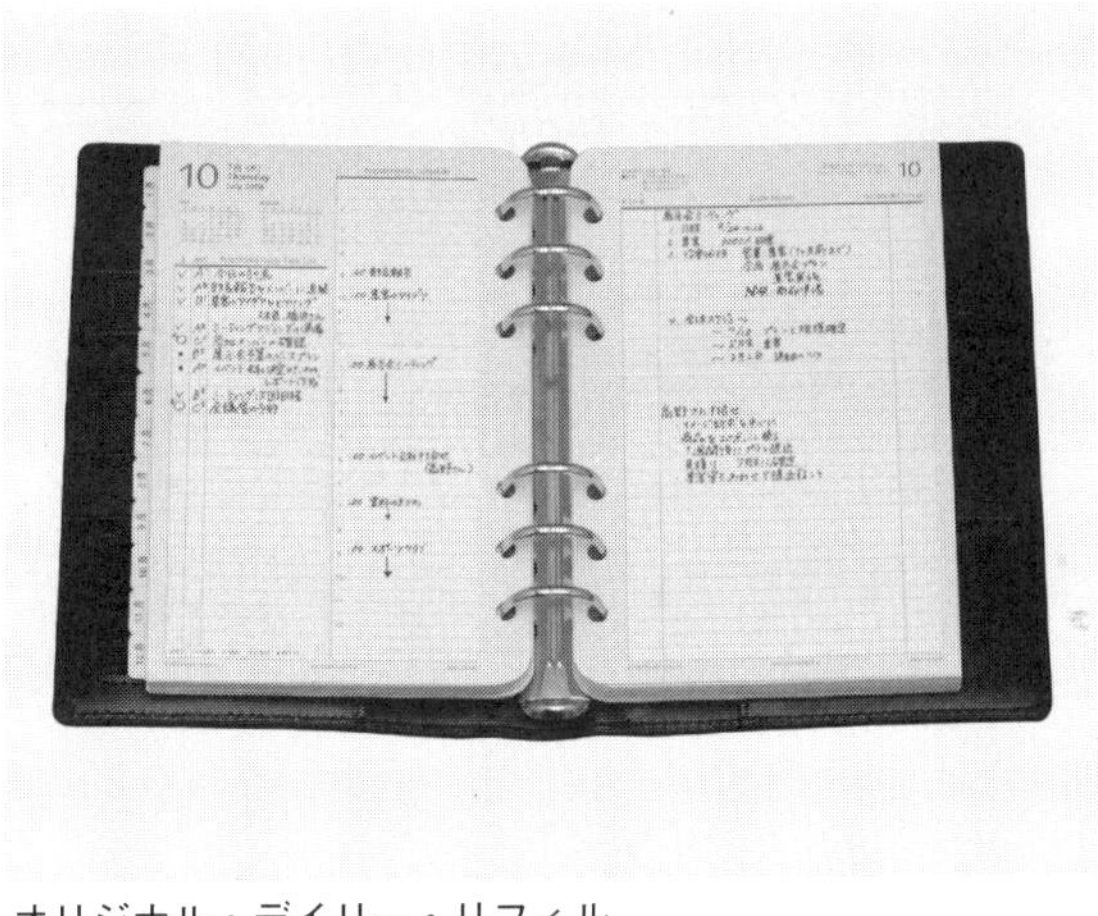

オリジナル・デイリー・リフィル

1週間を計画する

1日24時間のうちにできることには限りがある。「緊急なこと」の処理ばかりに追われていると、いつまでたっても「重要なこと」に取りかかる時間は確保できない。したがって、目標達成のための重要なタスクを大きな石（156ページ参照）として先にスケジューリングすることがポイントになる。

スケジューリングする際は、人とのアポイントや納期など、時間軸を基本に計画を立てることが多いことだろう。しかし、確実な目標達成やプロジェクトの成功を考えた場合、自分にとっての大きな石（コントリビューション・ステートメントに基づいたプロジェクトや重要な目標につながるタスク）を常に意識しておく必要がある。

フランクリン・プランナーには、週単位で大きな石を意識することができる「一週間コンパス」というツールがある。これは、自分の担う役割ごとに1週間で行う「重要なこと」をあらかじめ記入しておくしおりだ。これを手帳に挟んでおいて、常に参照しながらスケジューリングを行うことができる。

ビジネスにおいては、自分の役割を重要なプロジェクトや目標に置き換えることができる。たとえば、「新商品開発のための市場調査プロジェクト」という自分にとって重要なプロジェクトがその週に動いていれば、この1週間でこのプロジェクトを実現するために行わなければならないこと（大きな石）を記入し、常に目に触れるようにしておく。

そうすることで、常に大切な目標を意識することができ、実現に近づくことができる。重要なプロジェクトが複数同時進行していても、同様に実行すべきタスクを記入しておくのだ。そして、大きな石として1週間のスケジュールに落とし込む。これを繰り返すことで、タスクを確実に実行できるようになるはずだ。

大きな目標になればなるほど、各タスクの実行時期を特定するのが難しくなる場合もある。1週間の中で目標の設定が難しい場合は、その月の「月間目標」を1ヵ月単位で管理する。これを併用することで時間を特定できない中間ステップも、1週間のスケジュールに反映できる。

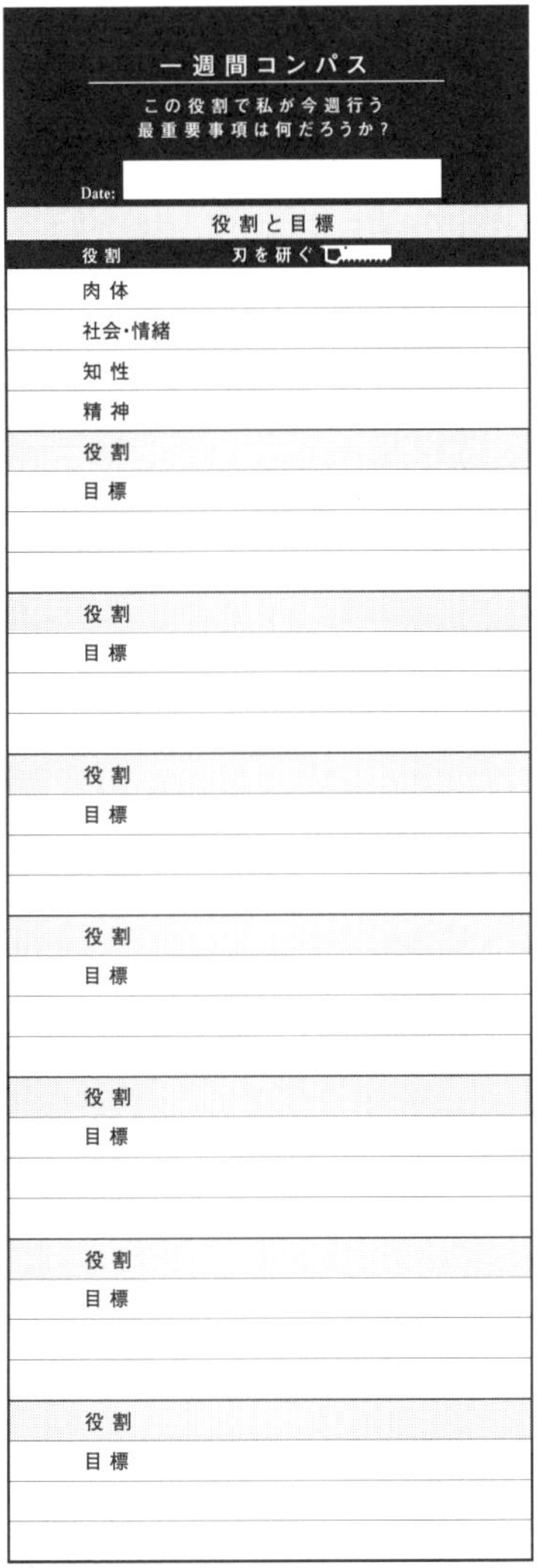
一週間コンパス

この役割で私が今週行う
最重要事項は何だろうか？

Date:

役割と目標

役割　刃を研ぐ

肉体

社会・情緒

知性

精神

役割

目標

役割

目標

役割

目標

役割

目標

役割

目標

役割

目標

役割

目標

デイリータスクをチェックする

目標達成のための最後の関門が日々の計画だ。想定外の飛び込みや割り込み仕事が頻繁に発生すれば、予定変更を強いられる。これに柔軟に対応できないと、せっかく確保した重要性の高いタスクを実行する時間も失われてしまう。

目標達成に向けたタスクを着実に実行するには、3つのポイントで日々の計画を立てるのがコツだ。まず、①今日の予定を確認する、②現実的なタスクリストを作成する、③タスクに優先順位をつける。これを毎日行えば、中間ステップの実行時間を確保できるはずだ。

フランクリン・プランナーには、今日行うべきタスクをすべて書き込んで、その優先順位を考える「タスクリスト」が用意されている。実際には前日の夜あるいは当日の朝、その日に行うタスクをすべて書き出して調整する。

たとえば、今日やるべきこと、やりたいことを書き出す。これらのタスクを実行するかしないかは、相手との約束の時間が決まっているタスクを除いて、あなたの意志で自由に変更できる。予定を考慮して現実的なタスクリストにしよう。緊急性と重要性を考えながら、無理のないタスクリストにすることが大切である。

その日に予定しているタスクをすべて書き出したら、優先順位づけを行う。フランクリン・プランナーではＡＢＣ１２３の順でタスクに優先順位づけを行う。

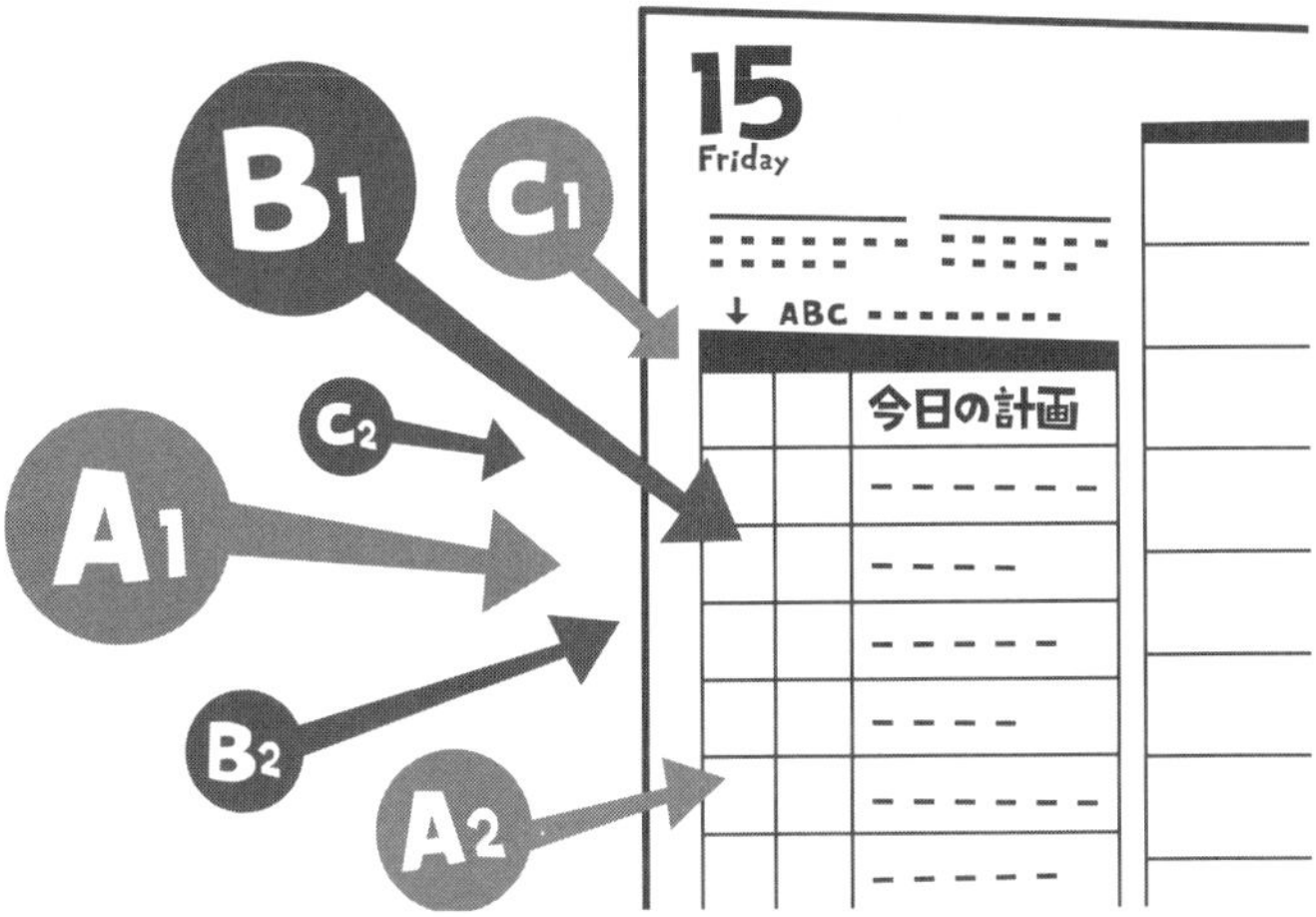

Aは重要度「高」。非常に重要で何が起きても実行しなければならないタスクであり、他に何もできなくともこれだけは実行すべきタスクだ。次にBは「中」。今日達成したいタスクだが、Aのタスクが完了してから取り組む。最後のCは「低」。達成できればいいというタスクで、ABともに完了してから取り組めばいいタスクだ。
そして123は、各グループの中での優先順位を表す。たとえば、Aグループの中で最も優先順位の高いタスクにA1、次にA2という具合だ。とにかく優先順位の高いタスクにエネルギーを集中して、それを達成するまでは他のタスクについて考えないことが重要になる。

再プランする

週間計画、日々の計画をやっていても、突然、病気や事故にあったり、そして緊急かつ重要なタスクが入ったりすることもある。あるいは新たなプロジェクトに参加することが決まり、計画を立てる必要に迫られる場合もあるかもしれない。そうした場合、スケジュールの再プランが必要になる。

新たに発生したタスクも含めて、その日に行うべきタスクをすべて書き出したら、前ページと同様に優先順位（ABC123の順）づけを行う。前日、すでに優先順位づけを行っていて変更が生じたら、下記の要領で変更する。

「✓」はタスク完了
「→」その日に完了できず先送り
「×」削除したタスク
「○」他人に委任したタスク
「●」進行中のタスク

なお、進行中のタスクを先送りするには「→」で上書きし、翌日以降のタスクリストに記入する。こうすることで、先送りしたタスクを確実にこなすことができるはずだ。これらを繰り返すことで、あなたにとって最も大切な緊急度は低いが重要度の高いタスクを実行することができるようになり、着実に目標達成に近づくことができるようになる。

15 7月 (火) Tuesday July 2008

July

S	M	T	W	T	F	S
		1	2	3	4	5
6	7	8	9	10	11	12
13	14	**15**	16	17	18	19
20	21	22	23	24	25	26
27	28	29	30	31		

August

S	M	T	W	T	F	S
31					1	2
3	4	5	6	7	8	9
10	11	12	13	14	15	16
17	18	19	20	21	22	23
24	25	26	27	28	29	30

↓	ABC	Prioritized Daily Task List
✓	A1	企画書をS部長に提出
✓	B1	Mワイナリーに 今年の新酒200本を発注
	↓	
○	B2	贈呈先150社のリスト作成
×	C1	Mr. Hallに電話（夕方〜夜）
✓	A2	M社訪問
●	C2	書店で資料本購入
→	C3	歯科
✓	B3	異業種交流会

✓完了 →先送り ×削除 S⊘委任 ●進行中

	Appointment Schedule
6	
7	:00 早朝出社 企画書仕上げ ↓
8	
9	:00 S部長に提出
10	:30 歯科予約
11	
12	
1	
2	:00 M社訪問 ↓
3	
4	
5	
6	:00 異業種交流会 ↓
7	
8	
9	
10	
11	
12	

「具体的な数値目標を掲げ、月、週、日とタスクをブレイクダウンする」

株式会社リブセンス　成田　聖さん

成田さんは学生でありながら、企業の営業部門の責任者を務めるという、スーパー大学生だ。

どんな会社に勤務していても、会社の目標が存在し、あなた個人の目標値があるはず。成田さんにも営業としての目標はあるが、自分自身でその目標よりもはるかに高い数値を自分に課している。そうして年間の目標を設定したら、次に2～3ヵ月の単位でその目標をブレイクダウンし、何を達成したらその状態になれるのかを考える。

ブレイクダウンするときは、必ず数値で表せる目標として設定し、さらに落とし込みができるようにしておく。そして1日の実行レベルのタスクになるまで、さらにブレイクダウンを行い、1ヵ月→1週間に落とし込み、最後に日々の細かい目標に落としていく。

「『画像処理に長けた人間になりたい』と考えたら、『フォトショップを使えなきゃいけないな』と考え、『そのためには計10時間くらい勉強すればいいな。ということは週に3時間。では第1週は月・水・金曜日に1時間ずつ勉強しよう』といった具合に目標を設定していくのです」

また、常に高いモチベーションを保つために工夫していることがある。

「フランクリン・プランナーに記入している、『常にあるべき姿、10ヵ条』を毎日見ています。自分の人生の基本ですから、軸を失わないように、モチベーションを上げています」

また、成田さんが実際に計画し、実行していく過程で、最も重視している点は、「自分との約束」だという。

週始めに授業と仕事の進捗状況を確認しながら、その週7日間の予定をきっちり決めて、自分と固く約束をする。もちろん状況は変化するので、前日等に状況に応じて微調整をしていく。

そして、このように自分との約束を守るというシンプルだが、困難な成果を積み重ねることで、大きな自信につながり、とても気持ちがよくなるという。

「毎日のスケジュールをきっちり決めてこなしていくということは、非常に楽しいことであると思います」

毎日の計画・行動を「楽しい」と感じるほどの成田さんは、これからも成長を続けていくに違いない。

第4章

ビジネスを成功させるコミュニケーション

ビジネスは、顧客が満足して初めて成り立つ

ほとんどのプロジェクトは、あなた一人で完結することはない。たとえ、小さなプロジェクトで、あなた一人のビジネススキルによって完結したとしても、そのプロジェクトの依頼先や顧客の満足を得て、初めて成功と見なされる。

また、プロジェクトをチームで動かす場合、チームワークやチームの相乗効果をいかに発揮するかが、プロジェクトの成功を左右する。

つまり、プロジェクトやビジネスの成功のカギは、コミュニケーションにあるともいえよう。スティーブン・R・コヴィー博士が『7つの習慣』の中で語っているように、コミュニケーションとは、相手を理解することだ。

ビジネスやプロジェクトの場合、とかくプレゼンテーションを行って、説得することばかりを重視してしまいがちだが、コミュニケーションの本質は、相手を理解し、尊重し、相手が「理解されている」と心から思えるようにすることなのである。

「人をモノのように扱うのか、人間として扱うのか。それは他人をどれだけ尊重できるのかという点にかかっています。本当に納得し合えるコミュニケーションを行うには、相手が大切に思っていることを、自分も大切にすることです。納得してもらうには時間がかかりますが、諦めずに粘り強く行うほかありません」と、フランクリン・コヴィー・ジャパンの竹村富士徳氏はコミュニケーションの核心について語る。

大切なこと・・・

相手を理解してから、自分を理解してもらう

ビジネスを成功させるには、ビジョン、意志、能力、ソリューションだけでは十分ではない。第2章でも説明したように、ソリューション自体に価値はないからだ。

あなたが営業職だとしよう。どんなに高価で素晴らしいソリューションを持っていたとしても、顧客のニーズがわからなければ、そのソリューションに価値があるかどうかはわからない。つまり、ビジネスの成功＝ソリューションに価値が生まれるのは、相手のニーズを理解するというコミュニケーションが成り立っていることが前提となる。

どんなに優れたソリューションであっても、コミュニケーションがうまくいかなければ失敗する危険性が高くなる。ところが、読み、書き、話すことは誰にでもできるため、私たちはコミュニケーションについて特に注意を払わない傾向にある。これが落とし穴なのだ。

きちんと相手の話を「聴く」ことはできるだろうか？

先入観を持たずに本当に理解するための「聴く技術」を持っているだろうか？

お互いに納得できる真のコミュニケーションを行うには、まず相手の話を聴くことが大切になる。これは、プロジェクトを遂行するうえでも、クライアントとプロジェクト・リーダー、リーダーとメンバー、そしてメンバー同士のコミュニケーションにも当てはまる。

よいコミュニケーションをとるには「相手を理解する」または「処方する前に診断する」ことが必要だ。

医師は処方する前に、患者の状態を観察し診断を行う。同様に、効果的なコミュニケーションを行っている人は、自分を理解してもらおうとする前に、まず相手の見解を理解しようと努めているのである。あなたが有効なコミュニケーションを図りたいならば「相手を理解してから、自分を理解してもらう」という原則を守るよう常に心がけよう。

感情移入して相手の話を聴く

ビジネスを成功させるための能力の1つとして、「聴く力」がある。この「聴く力」を持っている人に出会うと、人は無意識に身につけている鎧を脱ぎ捨て、素直な気持ちで自分の思いを打ち明けてしまう。これを普段のビジネスの中でも発揮できれば、お互いに妙な駆け引きをすることなく、ビジネスの成功を得ることができるはずだ。

「聴く力」を持つ人は、感情移入をして相手の話を聴くことができる。感情移入は同情とは異なる。同情とは「賛成すること」「評価すること」であり、時には適切な感情移入や返答にもなり得るが、同情には中毒性があり、あなた自身の判断も情緒的な影響を受けてしまう危険性がある。

一方の感情移入とは「相手の立場に立って話を聴くこと」にほかならない。相手の立場から、その人が見るように世界を見て、その人の気持ちを理解する（内在的論理）こと。これは、決して相手に同意しているわけではなく、あなたが相手のことを心でも頭でも十分に深く理解していることを意味する。

感情移入をして相手の話を「聴く」ことは単に耳で「聞く」ということではない。あなたの目と心でも「聴く」ということだ。人が話しているとき、その思いは3つのルートから伝わる。言葉、ボディランゲージ（体の動き）、言葉をどう発するかという3つだ（『7つの習慣』より）。

目で「聴く」ことは、相手が体の動き、言葉以外で伝えようとしていることを見つけることだ。心で「聴く」ということは、相手の声のトーンや抑揚を通して表現される気持ちや意味を知ることだ。そして、耳では実際に発せられる言葉をそのまま「聞く」わけだ。私たちが伝えようとしていることの大半は言葉そのものから伝えられるのではなく、声のトーンやボディランゲージによって伝えられるものだと知っておこう。

コミュニケーションとは単に言葉だけのやり取りではない。感情移入をして相手の話を聴けば、より正確なデータを得、大きな力を発揮することにも役立つ。非常に重要なビジネススキルなのだ。

自分の話ばかりしたり、相手の考え、気持ち、動機を決めつけたり、解釈したりするのではなく、相手の頭や心の中で実際に起こっていることに向き合い、相手の心の中の深いメッセージを受け取ることに集中する必要がある。「相手が大切に思っていることを、自分も大切にする」ことによって、今までとは違ったコミュニケーションが可能になるのだ。

こうした観点で、プロジェクト・チーム、上司や部下、クライアントとのやり取りを見直してみよう。「相手を理解してから、自分を理解してもらう」「感情移入して相手の話を聴く」を心がけることで、ビジネスの成功の確率はぐんと高くなるはずだ。

役割を定義する

あなたは仕事を遂行するうえでどんな役割を担っているだろうか？　たとえば、営業部のマネージャー、またプロジェクトに参加していればリーダーの役割を果たしているかもしれない。

すべての役割にはその対象者が存在する。マネージャーであれば部下と上司、プロジェクト・リーダーであればクライアントとメンバーになる。また、家庭での父という役割には子どもという対象がある。

コミュニケーションをスムーズに行うには、あなたが果たしている役割を明確にする必要がある。その役割で負うべき責任を自覚することで、対象者に対するコミュニケーションの内容がはっきりするからだ。今あなたが果たしている役割をすべて書き出し、その対象者を書き出してみよう。

次に、その役割における目標を考える。言い換えれば、対象者があなたに何を望み、またあなたが対象者に対してどんな貢献ができるのか、十分に役割を果たしている理想的な状態を思い浮かべながら、目標を書き出していくのだ。対象者の表情（特に笑顔）を想像しながら考えてみると、よりイメージが明確になるだろう。

担っている役割は人それぞれに異なるが、実は誰にも共通する役割がもう1つある。それは「自分自身」という役割だ。自分が成長する責任は自分にある。誰もあなたの責任を負ってはくれない。忙しさに紛れて忘れてしまいがちだが、自分自身の役割を考えることも、ビジネスの成功には不可欠のことといえるだろう。

上司としての
役割
メンバーとしての
役割
自分自身
としての役割

1週間ごとに役割を計画する（一週間コンパス）

役割の定義は、効果的なコミュニケーションを行い、ビジネスを成功に導くための大事なポイントだ。そのために活用できるのが、フランクリン・プランナーに付属している「一週間コンパス」。あなたが果たしている役割を1週間ごとに記入し、透明のページファインダーにはさんでいつでも参照できるようになっている。

一週間コンパスでは「役割と目標」欄に、その週の自分の役割と目標をそれぞれ具体的に書き込むことができる。そして、日付欄には、1週間の始まりの日と終わりを記入する。

まず、最上段にのこぎりの歯の形をした「刃を研ぐ」という役割の項目がある。「刃を研ぐ」とは『7つの習慣』の第七の習慣からとったもので、自分を磨くための活動を行うこと。自分自身の役割を果たすために使う。ここには毎週、自分の「肉体」「社会・情緒」「知性」「精神」、それぞれの刃を研いでいく内容を具体的に書き込む。

たとえば、「肉体」欄に「ランニング10キロ」、「社会・情緒」欄には「交流会への参加」、「知性」欄には「ドラッカーの書籍を読む」、「精神」欄には「昔の名作映画を観る」といった内容になるかもしれない。

その下に、役割と目標を書き込む欄がある。ここには、コントリビューション・ステートメントを書く過程で自分が定めた役割を書き入れ、1週間単位での目標を書き込む。たとえば、「プロジェクト・リーダー」という役割であれば「メンバーとミーティングをする」、「営業担当」という役割であれば「顧客10

人に手紙を書く」などになる。

また一週間コンパスの裏側はメモになっており、自分の役割や目標などについて、思いついたことを書き込めるようになっている。この一週間コンパスは、自分の大切な役割と目標を意識させ、忙しい毎日のなかで確実にビジネスの成功や自分の目標を実現するためのガイドとなる。

一週間コンパス

この役割で私が今週行う
最重要事項は何だろうか？

Date: 2008. 1. 6〜1. 13

役割と目標	
役割	刃を研ぐ
肉体	ランニング10キロ
社会・情緒	交流会への参加
知性	ドラッカーの書籍を読む
精神	昔の名作映画を観る
役割	プロジェクト・リーダー
目標	メンバーとミーティングをする
役割	営業担当
目標	顧客10人に手紙を書く
役割	プロジェクト・メンバー
目標	企画書の仕上げ
役割	
目標	
役割	
目標	
役割	
目標	
役割	
目標	

委任の意味とスキル

プロジェクト・リーダーの役割を担った場合や部下や後輩との一緒の仕事の場合、チームメンバーや部下の能力を最大限に引き出すことも、リーダーの大きな役割の1つになる。

また、本来あなたがやるべき仕事であっても、複数のプロジェクトのタスクをどうしても同じ時間帯に果たさなければならない事態や、プロジェクト・リーダーと通常の営業マネージャーの役割がバッティングすることもあるだろう。さらに、他の仕事が押して、約束の時間に間に合わないということもよく起こる。

このような場合は、他部門のメンバーや部下、後輩に、タスクを委任する必要が出てくる。委任とは、あるタスクの責任を単純に他人に託すということではない。委任された人は、タスクを完了するのに必要な権限を与えられ、必要な方法と期間の中でタスクを実現する義務を負う（138ページ参照）。

したがって、委任者と委任される側、双方に信頼感がなければ成り立たない。そして、委任する側には相手の能力やスキルを的確に判断して適切な委任先を決める責任がある。たとえば、金融のエキスパートであるあなたがシステム開発のプロジェクト・リーダーを任された場合、専門的なシステム面のマネジメントをそのエキスパートに委任するという具合だ。

また、部下や後輩については、彼らを育成し、能力を引き出すことも重要な課題の1つとなる。リーダーには、顧客やプロジェクトの依頼先だけではなく、個々のチームメンバーのニーズをきちんと理解し、応える必要があるのだ。

ニーズに応えるといっても、「このプロジェクトが成功したら、賞与に反映させる」といった経済的な側面だけではない。『7つの習慣』にあるように、人間には4つの側面（肉体、知性、情緒、精神）があり、その4つをバランスよくフォローすることが重要になる。

プロジェクト情報

プロジェクトの情報はサッカーのボールにたとえることができる。ボールは次々に選手に受け渡され、敵の妨害をかわしながらゴールを目指す。その間、ボールは敵の出方によって動きを変え、選手はその動きをフォローし、ボールを共有してコントロールし、敵の妨害を避けてゴールを狙う。選手はいかに変化するボールのフォロー／動きを共有するかがキーポイントになる。

プロジェクト・マネジメントでは、計画に従ってタスクを実行していくが、往々にして想定外の出来事に遭遇し、タスクの実行は計画通りに行かない場合が出てくる。しかも、クリティカルパスにあるタスクの遅延は他のメンバーのタスクの進行にも大きな影響を及ぼす。そこでプロジェクトの進捗状況を共有することは極めて重要になってくる。

しかし、タスク遂行に没頭しているメンバーは、何とか自分で問題を解決にしようとかかりきりになり、情報共有のアクションが遅れがちだ。そこで、プロジェクト・リーダーは、埋もれた問題を発掘し情報共有を行うためのプロジェクトレビューを定期的に行うことが必要になる。

プロジェクトレビューにはできる限り多くのメンバーを加えることが大切だ。多くのメンバーが参加すると、1つの情報がトリガーとなって必要な情報が連鎖的に出てくる効果がある。また、1つの指摘がトリガーとなって多様な指摘がなされ、潜在的な問題点の発見にもつながる。プロジェクトレビューを行うことで、関係する異なった立場の利害関係者による情報共有を実現することができるわけだ。

プロジェクト・リーダーや担当者は、こういったプロジェクトレビューの機能を活用し、節目ごとに情報を集めることで、誤りのないプロジェクトの舵取りを目指すといいだろう。

プロジェクトレビューには、電子メールや共有ファイルによる情報共有、会議の開催など、さまざまな方法がある。リーダーは、プロジェクトの進行やメンバーの状態（逼迫状況や地域性、緊急度合いなど）に合わせて手段を選択していくことになる。

電子メールを管理する

今や電子メールは、ビジネスに必須のコミュニケーション・ツールとして定着した。しかし、毎日大量の電子メールが来ると、それらを処理するだけでも大変だ。スパムメール、CCメール、通知などに混じって重要なメールが届くので、メールを無視することもできない。

どうすれば大量の電子メールに振りまわされず、コントロールできるだろうか?

電子メールの管理とは、受信トレイのメールを効率的に処理することにほかならない。効率的に電子メールを処理するには次のポイントを考える必要がある。

- **メッセージを読み、それに返信する時間をスケジュール化する**
- **反応的ではなく、主体的になる**
- **各メッセージの相対的重要度を素早く判断する**
- **最重要の電子メールメッセージに時間をかける**
- **後日、検索しやすいよう効果的な方法でメッセージを保存する**
- **毎日、受信トレイを空にする（空にしておくことで新着メッセージがすぐにわかる）**

そして、これらを行うには、大きく分けて、メールを選別する、優先順位づけする、解決することが必要となる。

ステップ1　選別する

電子メールを選別する際、電子メールを素早くふるいにかけ、どのメッセージが不可欠か、どれを後まわしにしても大丈夫かを評価しなければならない。しかし大切なのは、各電子メールの重要度を明確にするための基準を決めることだ。多くの電子メールソフトには仕分け（フィルタリング）機能があるので、それを活用することをお勧めする。

ステップ2　優先順位づけする

最も重要な電子メールに注目するには、優先順位づけが不可欠だ。ステップ1の選別基準に従い、受信トレイのメッセージはすでにレベル分けされているはずだ（重要度を示すフラグ、フォント色の変更、指定フォルダへの移動など）。次にビュー（事前に設定したメッセージの配置あるいはフォーマット）とソート（昇順または降順で項目を並べ替え）を使って、類似したグループにメッセージを振り分けよう。

選別と優先順位づけをどう組み合わせるかは、主に自分自身の創造性、電子メールソフトの習熟度、そしてビジネス・ニーズに左右される。

メッセージの優先順位は、選択可能（低）、重要（標準）、必須（高）の3つに分類するのが一般的だが、通常、「必須」あるいは「選択可能」メールはわずかしか残っておらず、大半が「重要」カテゴリーに属していることが理想だ。もしあなたに届く電子メールの大半がいつも重要度が低いものばかりなら、もっと選別基準を厳しいものにするか、配布リストから外してもらうことを考えてもいいかもしれない。

優先順位づけとは、メッセージ自体の価値に重点を置くのではなく、自分の時間の使い方を整理する方法なのだ。

ステップ3　解決する

次に、電子メールに対するアクションを行う。ここでは、ＦＡＤ（File：記録する、Act：対応する、Delete：削除する）でスピーディに対応できる方法を紹介しよう。

・**File（記録する）**：通常、保存用のフォルダを1つ作成するだけで、期限切れメッセージを保管するのには十分なはずだ。検索エンジンを使えば素早くできる。メッセージをファイルする際、もし特定の期日にその資料を必要とすることがわかっているなら、自分とのアポイントメントをスケジュール化しておく。直ちにそのタスクをタスクリストに入れるか、カレンダーに記入して、然るべき時間にその情報を検索するようにしよう。

・**Act（対応する）**：多くの電子メールは受取人に対して行動を求めている。受信トレイ内の電子メールはすでに優先順位づけされているので、緊急なことには直ちに行動できるだろう。緊急でない行動については迅速にタスクリストあるいはスケジュールに書き加えよう。それから、電子メールを受信トレイから取り出し、後で参照できるようにファイリングすることも効果的だ。

・**Delete（削除する）**：受信した電子メールの中には、保管しておく価値のないものもある。「ありがとう！」のような一言だけの返信メールや、それに類似したメールを受信トレイから削除する。判断に迷う場合、一時フォルダに保管しておき、一定期間活用することがなければ削除しよう。

生産的な会議を実現する3つのステップ

ビジネスにおいて、コミュニケーションは会議によって行われることが多い。特に部署を横断したプロジェクト、顧客へのプレゼンテーションや報告、役員へのプレゼンテーションなどは、会議の重要性が高くなる。しかし、会議本来の役割を忘れ、ビジネスの進展が何もない場合やむしろマイナスになるケースすらある。たとえば、こんな具合だ。

週末の出来事などを互いに話しながら全員が部屋に入ってきた。会議はなかなかエンジンがかからず、皆が勝手なことをいい合っている。すると誰かが厄介な問題を持ち出し、会議は一瞬にしてぶち壊しになり、非難の応酬や責任のなすり合いが始まる。皆が怒って出て行った後、あなたはひどく後味の悪い思いをする。スケジュールをチェックしてみたら、今週そんな類の会議が10もあることに気づく。会議を適切な方向に持っていくにはどうしたらいいだろうか？

会議におけるあなたの影響力と会議の結果を改善することで、チームや組織の生産性を容易に高めることができる。生産的な会議を実施する上で役立つ、フロントローディング（会議前の前倒し作業）、フォーカス（会議中）、フォロースルー（会議の最後と会議後）という3ステップのプロセスを紹介しよう。

ステップ1　フロントローディング

会議のフロントローディングとは、単なる会議の計画以上のことを意味する。それは、最優先事項に焦

点を合わせ、人々を結集させ、明確な方法でそれらの最優先事項を達成できるからだ。フロントローディングするということは、「目的を持って始める」ことだ。次ページで紹介する5つのステップを各会議の状況に合わせて、カスタマイズしてほしい。

①会議の目的と目標を定義する

会議が失敗するのは、リーダーが会議の目的をはっきりさせず、その目的に到達する方法を知らないために起こることが多い。それを防ぐには、次の項目を実行しよう。

・会議の目的を書く。あなたが望む結果と、その結果が自分の会社あるいは組織にどう役立つかも書く。明確な戦略的方向性を決めることで、会議で期待されていた成果につながらない、あるいは組織の成功に役立たない事柄に時間やエネルギーを使わずに済む
・具体的な目標を設定して、それらに優先順位をつける
・「予算」といった漠然とした議題項目を避ける。その代わりに、「来年度予算に対する実際のニーズを確認し、予算申立書を作成する」のような具体的な目標にチームのエネルギーを集中する
・重要性に応じて、あるいは時系列で、目的に優先順位をつける
・優先順位づけされた目的のリストを使って会議の議題を作成する
・適切な会議の進め方（たとえば、討議、対話、ブレーン・ストーミング、プロトタイピング、中継、重点投票、優先順位づけ、プレゼンテーション、適用、問題解決など）を選ぶ

②会議に最適な形式を決める

会議は会議室で行われるが、時には思い切った形式を提案してみよう。テレビ会議、電話会議など、設

備が必要なものもあるが、カフェを活用したり、有料の会議室を利用したりすることで逆にコスト意識を持ってもらうことも可能だろう。形態を選ぶとき、出席者のいる場所、会議中に行う必要があるプレゼンテーション、必要とされる討議の量、論ずべきテーマなどに基づいて、さまざまな形式を活用しよう。

③チームのメンバーと、各メンバーの責任を明確にする

誰がファシリテーターになるのか、誰がプレゼンテーションを行うか、誰が会議の各種運営など、その他の役割を行うのか決定する。これらの人々を出席者リストの先頭に置くことがポイントだ。そのうえで、次のことを自問してリストを完成させよう。

・誰が出席する必要があるか？　その理由は？
・彼らの優先事項、関心、ニーズは何か？
・彼らの決定力は何か？
・彼らは目標の達成に貢献することができるか？　彼らは会議の前に何をすべきで、何を知っておくべきか？
・各人の出席理由を正当化することができるか？
・他の人々に対して、会議に招かれなかった理由をどう説明するか？

④**環境を考慮する**

会議の環境を常に希望通りに選ぶことはできないが、それはしばしば会議の成否を左右し、雰囲気に影響を与える。たとえば、時間通りに開始・終了し、順調に運営された快適な環境での会議は、集中度の高いエネルギーが出るものだ。会議を計画する際、次の点に注意しよう。

・場所：社内会議を開催する際、社外会議のコストと、中断の可能性とを比較検討する。長時間にわたる、重要度の高い会議の場合、社外への移動がよい結果を生む場合がある

・時刻と所要時間：どの程度の時間を会議のために予定しておくべきかわかるよう、チームメンバーには周知徹底する。会議時間はできるだけ短くする。時間通りに始め、時間が足りなくなったら調整して定刻に終わらせる

・装置と備品：きちんと機能する適切な装置や備品を確保する。故障や装置の準備ミスは会議の効果をたちまち損なってしまう

・座席の配置：どのメンバーからもフォーカスされた貢献を引き出せるようなレイアウトで、部屋のテーブルと椅子を配置する

⑤**チームのメンバーに会議の通知をし、議題を配布する**

可能なら、前もってチームメンバーに会議の議題を配布する。準備資料（たとえば、予算数値、現行提案、

報告草案など）を配布し、チームメンバーが会議のための準備時間を持てるようにする。会議における役割と分担を各メンバーに知らせる。

ステップ2　フォーカス

残念ながら、高度にフォーカスされたミーティングは稀かもしれない。適切なビジョンをつくり上げ、適切な人材を集めたら、今度は最優先事項の達成に集中しなくてはならない。焦点の合ったミーティングを実現するよう、各出席者の役割を明確にする。リーダー、ファシリテーター、記録係、書記、タイムキーパー、チームメンバーの各役割を担当する人をはっきりと指名する。

明確な目的と素晴らしい目標があっても、会議は簡単に軌道を外れてしまう。そこでチームメンバーの一人を会議の「交通整理係」に指名する。会議の目的に関係ない問題が提起されたら、交通整理係は「その件は駐車場に置いておきましょう」といって、フリップチャートか1枚の紙にその問題を記録する。

そして会議の最後に、駐車場に置かれた問題について今後討議する必要があるかどうかを決定すればよい。交通整理係は、会議の目的と目標によって設定された「ガードレール」の枠内から会議が外れないよう努めなければならない。

ステップ3　フォロースルー

十分に準備をして、フォーカスされた会議を行ったにもかかわらず、会議後のフォロースルーを怠った場合、あなたは目標を達成できないリスクを冒していることになる。実際の仕事は会議後も継続している。フォロースルーを確実に行うため、続けて以下のステップを実行しよう。

・決定した項目のスケジュールを確定する
・行動項目、責任者、期限を記録する（会議の記録係は、会議の議事録にこれらの項目を加え、すべての出席者にコピーを送る）
・出席者に対して、各自のスケジューリングに反映させる

フロントローディング、フォーカス、フォロースルーを行うことで、会議はプロジェクトやビジネスの成功に役立つ強力なコミュニケーション手段となり得るだろう。

効果的な会議を行う3ステップ

ステップ1・・・フロントローディング

1.会議の目的と目標を定義する
2.会議に最適な形式を決める
3.チームのメンバーと、各メンバーの責任を明確にする
4.環境を考慮する
5.チームのメンバーに会議の通知をし、議題を配布する

ステップ2・・・フォーカス

各出席者の役割を明確にする

・リーダー
・ファシリテーター
・記録係
・書記
・タイムキーパー
・チームメンバー

ステップ3・・・フォロースルー

・決定した項目のスケジュールを確定する
・行動項目、責任者、期限を記録する
・出席者に対して、各自のスケジューリングに反映させる

効率的な会議を進める「ミーティング・プランナー」

フランクリン・プランナーでは、ここまで紹介したように会議を効果的に運営するためのツールを準備している。

「ミーティング・プランナー」というフォームがそれで、ミーティングを行う際に活用するといいだろう。使い方はいたってシンプルで、フォームに記載されているテーマに従って記入していけばＯＫだ。

「ミーティング・プランナー」では、１回のミーティングに１枚ずつ利用できるようになっており、会議名、目的、場所、形式、出席者、会議時間、課題などを書き込むことができる。これを利用することで、プロジェクトだけでなく、顧客との打ち合わせなど、あらゆるミーティングを効率的に進めることができるはずだ。

ミーティング・プランナー

Meeting Planner

日付：　1月12日

会議名：　「SOAプロジェクト」キックオフMTG

目的：　プロジェクト概要の周知

達成事項：　現段階の情報および士気の共有

場所：　本社会議室5

形式：　プレゼンテーション　　書記：　吉永

ファシリテーター：佐藤（Y）　　タイムキーパー：朝倉

責任者：　高橋経営企画室長

予定時間			実際の時間			会議費用
開始	終了	所要時間	開始	終了	所要時間	
10：00	11：30	1.5ｈ	10：00	12：30	2ｈ	なし

出席者：			合計
1	高橋室長		
2	佐藤（Y）		
3	吉永		
4	朝倉		
5	嶋村		
6	青柳		
7	他6名		

課題		
1	SOA導入の必要性を徹底して社内に周知させる	
2	各部署間のシームレスな連携	
3	部署ごとの温度差をどう解消するか	
4	各部署に担当者を設置する	
5		
6		
7		
8		
9		
10		
11		
12		
13		

第5章

成功を持続させるワークライフバランス

長期間にわたって成功をもたらすワークライフバランス

ビジネスで継続的に成功を収めるには、逆説的だが仕事ばかりの毎日を過ごしていると難しいだろう。もちろん一時的に成功することはできるだろうが、長い人生にわたって成功し続けることは困難になることが多い。「長期間にわたるビジネスの成功を望むには、ワークライフバランスが大切です」と、ワーク／ライフ コンサルタントのパク・ジョアン・スックチャ氏（アパショナータInc.代表）は話す。

「ワークライフバランスの核心は持続可能な働き方を追求することです。プライベートな面や健康面で心配事があると、仕事にも悪影響が出てしまいます。特に知的労働の比率が高くなっている現在では、心配事を抱えていては最高のパフォーマンスを引き出すことはできず、成功も難しくなります。また、少子高齢化の現在、70歳まで元気に働くことを目標に、健康を維持し、家庭責任を維持し、仕事でのパフォーマンスを高めるための投資を自分自身にしながら働くことが求められています。それを可能にするのが企業のワークライフバランス施策なのです」

これは、従来からいわれているような「仕事と家庭の両立」とは異なるものだ。既婚者に対する「仕事と家庭の両立」や独身者に向けた「仕事とプライベートの両立」といった単純な対立図式への対応ということではない。また、単に早く家に帰ればいいということでもない。

現実には、単純に仕事とプライベートをはっきりと分けるとどちらかに支障を来すことが多く、どちらかを優先すると常に後ろめたい気持ちで生活することになりかねない。特に忙しい毎日を過ごしている人

はその傾向が強くなる。ワークライフバランスは、単にプライベートと仕事を分けることではなく、自分のパフォーマンスを上げることで、仕事やそれ以外の面においても成功を目指すことなのだ。実際にワークライフバランスを実現するには企業のサポートが不可欠なのだが、ここでは個人で実行できるワークライフバランスの方法を紹介することにしよう。

人生全体の質を高めるライフバランス円グラフ

あなたは、どのように役割のバランスをとっているだろうか？　その時間配分はどうなっているのだろうか？　「それを知るのに役立つのがライフバランスを考える円グラフです」と、パク氏は話す。

「ワークライフバランスを考えるうえでわかりやすいのは、ライフバランスを円グラフで表すことです。仕事、配偶者・パートナー、家族、友人、健康、自己成長、余暇・趣味、精神的安定の8項目（個人によってこの項目は異なるので自由に考えてほしい）について、それぞれどれだけ重要だと思っているか、現実はどうなのかを0～10の10段階で採点し、円を描くのです。たとえば、『気持ちとしては家族の重要度は9だが、現実に家族のために割いている時間とエネルギーは4だ』という具合です。できれば重要度は赤で、現実を青で描くとわかりやすいでしょう。自分が考えている重要度と現実の差を埋めるよう意識することでワークライフバランスをとることができます」（個人が実際に行うときは、まず理想をすべて〔8項目に対して〕記入した後に、現実を記入すること）

1日24時間は誰でも同じだが、パフォーマンスの高い人は時間の使い方がうまく、ライフバランスの重要度と現実が近くなるよう努力しているという。たとえば、仕事の時間をずらすことで家族と一緒に過ごす時間をつくる、あるいはパフォーマンスを高めるための自己投資を行うという具合だ。

ここで「一週間コンパス」を使い、1週間の中で果たさなければならない役割（自分を磨く役割も含めて）と目標を設定し、バランスをとることがとても大切になってくる。

「しかし、事前にスケジューリングしなければ、自分の望むワークライフバランスに近づくことはできません。特に、新しいことをやり遂げるための自己投資は難しい。限られた時間の中ですべて実行することは無理ですから、重要度の低いことを捨てる勇気が求められます。しかも、ビジネスだけで成功しても空虚感が残りますから、プライベートの面でも成功するよう、『プロフェッショナルサクセス＝パーソナルハピネス（サクセス&ハピネス）』を目指すことが大切なのです」（パク氏）

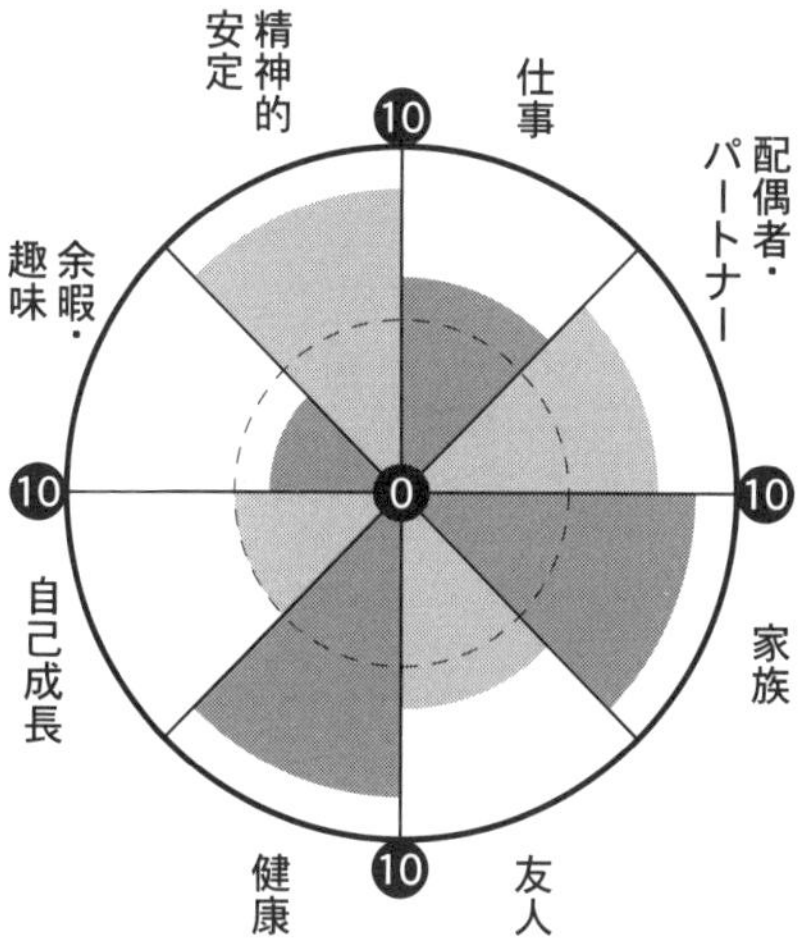

『会社人間が会社をつぶす―ワーク・ライフ・バランスの提案』（朝日新聞社）より抜粋

ライフバランスで仕事の生産性を上げる

『7つの習慣』の第七の習慣「刃を研ぐ」でも紹介しているように、ノコギリの刃を研がずに樹を切り続けていると、次第に切れ味は衰え、切れなくなってくる。木を切る生産性は落ち、肉体も疲弊してくる。定期的に「刃を研ぐ」ことをしなければ、生産性を維持し、向上させることはできない。仕事にも同じことがいえるだろう。

仕事をこなす、処理することばかりにエネルギーを注いでいると、逆に仕事の生産性は落ちてしまう。適度な休息やリフレッシュ、自分自身の能力アップを図らないと、仕事の生産性が上がらないのは明らかだ。

そのまま突き進んでいると、ビジネス以外で果たしている役割にしわ寄せがきてしまう。趣味の時間がとれなくなるだけでなく、結婚していれば、夫や妻とのコミュニケーションがうまくいかなくなることにもなるだろう。地域・社会活動にも参加できず、自分の肉体のケアさえおろそかになるかもしれない。

そう考えれば、ビジネスの成功には役割のバランスを重視することが不可欠だということに気づくだろう。今一度、仕事、配偶者・パートナー、家族、友人、健康、自己成長、余暇・趣味、精神的安定の時間配分を振り返ってみよう。

夫や妻としての役割、子どもや友人としての役割、健康や自己成長を図る自分自身の役割を果たす時間を確保しているだろうか？　具体的な時間を確保し実行して初めて、あなたは役割のバランスを図ることができる。そのためには、役割ごとの目標設定と第3章で紹介した「大きな石」をスケジューリングし、計画することが必要になる（156ページ参照）。

ただし、単に時間配分のバランスをとることが長期間の成功を約束するものではないことも理解してほしい。なぜなら、ビジネスはあなた一人で行うことはできないからだ。利害関係者との信頼関係を構築し維持するには、あなたの役割のバランスだけでなく、周囲の人たちの役割のバランスも尊重することが望ましい。

一時期に労働時間が集中して増えると生産性が下がるばかりか、一人では吸収しきれないために、肉体的・精神的トラブルに発展することも多い。つまり、ビジネスの長期的な成功を目指すならば、あなたがそれぞれに担っている多様な役割をバランスよく果たすことが不可欠になるだろう。

他人のワークライフバランスを尊重する

ビジネスとプライベートの成功を、役割のバランスによる「仕事と家庭の両立」や単純な時間調整の問題として考えてしまうと、仕事の時間をやりくりして誰かの要求を満たしたり、子どものイベントを思い出してあわてて早退したり、代替休暇をとってバカンスに出かけたりすることがバランスだと思ってしまいがちになる。

ワークライフバランスとは、単なる時間配分ではなく、何であれ自分のやることすべてで成功したいというニーズに応えることにほかならない。あなたは、人生のあらゆる面から刺激を受け、活力を補給しているはずだ。自分のあらゆる活動に目標を立て、それらを目指し、多面的な人生を送っていることだろう。

もしあなたがリーダーならば、あなたの下で働いている人たちには、独自の価値観、性格、考え方が複雑に組み合わさったものをそれぞれに持っていることをまず理解しなければならない。つまり、自分だけでなく他人のワークライフバランスを尊重することもまた非常に大切なのだ。人生の目標を理解してもらい、支援してもらうことが、世代を問わずすべてのビジネス・パーソンに共通するニーズなのではないだろうか。職場でも職場の外でも何かの目標に向かって前進していくことが、満足感と意欲を生み出してくれる。

なかにはモチベーションを上げる要因のほとんどが仕事に関する事柄という人もいるかもしれない。しかし、最近の心理学の研究では、仕事にしか達成感を見出せず、権力、報酬、名声だけがモチベーション要因だという人は、家族、健康、趣味、教育など人生のさまざまな面に達成感や励ましを得られる人に比べ、長期的に見ると生産性が低いことがわかっている。

他人のワークライフバランスを尊重してうまくいった例を紹介しよう。

仕事のかたわら環境保護に情熱を注いでいる警備員を部下に持つリーダーがいた。部下の環境への関心を施設の警備という仕事にどう結びつければよいか、この警備員が仕事でも私生活でもうまくいくようにするにはどうしたらよいか。並みのマネージャーなら考えもしないことかもしれないが、このマネージャーは考えた。そして、部下の警備員に新しい肩書きとして「保安・省エネ責任者」というポジションを与えたのだ。この警備員は、施設内の巡回のときに無駄な電気を消したり、暖房や冷房の効果を逃がさないようにドアを閉めたりする仕事も任されている。職務と肩書きを少し変えただけで、この従業員の仕事への満足度は大きく上昇し、それと同時に会社のコスト削減にもつながった。部下一人ひとりをよく理解していなければ、このようなモチベーションを引き出すことは難しい。

これは、「役割のバランスとは単にそれぞれの役割に時間を割けばいいというものではない。それぞれの役割が一緒に機能することで、真のバランスとミッションの遂行につながる」（スティーブン・R・コヴィー）ということを表している。

その役割でやりたいことは何か？

あなた自身のバランスだけでなく、周りの人のバランスもとれるようになれれば、前の例のようにプライベートでの役割をビジネスにも活用する発想も出てくるに違いない。

こうした自由な発想を最大限引き出すには、自分の役割ごとのバランスの理想と現実のギャップを少なくすることから始めてみよう。そのためには、ワークライフバランスで挙げた項目（仕事、配偶者・パートナー、家族、友人、健康、自己成長、余暇・趣味、精神的安定）において、第1章でのコントリビューション・ステートメントを思い出しながら、あなたが心からやりたいと思うことを書き出してみるといい。

あなたはそれぞれの役割でどのような貢献をしたいのだろうか？　どうありたいのだろうか？　あなたがありたい姿、やりたいことを書き出してみよう。

・仕事：

・配偶者・パートナー：

・家族：

・友人：

・健康：

・自己成長：

・余暇・趣味：

・精神的安定：

時間を確保する

次に、あなたのビジネスやプライベートの生活の中で、自分にとって価値が低いと思ったり重要度が低いと思ったりすることがあれば、すべて書き出してみよう。ビジネスでは、無駄な会議や無意味な慣習、事務処理、システムなどが考えられるだろうし、プライベートでは、インターネットや長電話、お酒や喫煙、ゲームなどが挙げられるかもしれない。

・ビジネスにおいて、減らしたいと思っていること

・ビジネスにおいて、やめたいと思っていること

・プライベートにおいて減らしたいと思っていること

・プライベートにおいてやめたいと思っていること

毎日忙しくてやりたいと思うことができないと悩んでいた人でも、重要度が低いと思われることや、やめたいと思っている事柄に費やしている時間があるのだから、その時間をやりたいと思う事柄に当てることはできるはずだ。今まで時間がないと思っていた人でも、こうして創出した時間を使うことによりワークライフバランスを実行することができるのではないだろうか。

一週間コンパスを日々に生かし、実践するだけで生活のバランスはとれる

吉田　均さん

技術士（上下水道）挑戦中の吉田均さんは、水道技術管理者、また、20代の半分はアフリカのマラウィに青年海外協力隊員として赴任し、現在、日本マラウィ協会理事として、多忙な毎日を送る。

吉田さんは高校生の頃に、実は『ベンジャミン・フランクリン自伝』を読んだことがあった。その中には、ベンジャミン・フランクリンが自らの価値観を定め、日々「13の徳目の実践」をしたことについて書いてあった。10代のときにそれに学び、自らも「価値観」を明確にし、その実践を行った。そしてフランクリン・プランナーを手にし、この「フランクリン」は「ベンジャミン・フランクリン」の「フランクリン」だと知ったときは少なからず驚き、懐かしさを覚えたという。

現在、吉田さんは、ミッションとともに「21の価値観」としてまとめ、毎週1つずつ実践するように意識している。一週間コンパスの裏を3つのスペースに分け、一番上にその週に実践したい「価値観」を記入し、毎日見て意識をする。真ん中のスペースには、その週の大きな石を記入し、必ず行動に落とし込む。下の部分には、その週の振り返りや反省事項を記入している。一番下には、人間のニーズ――

「生きること」「愛すること」「学ぶこと」「貢献すること」の中から月ごとの目標を定め記入している。

表には、役割ごとの目標を記入するのだが、ここで設定する役割がユニークだ。「セービングマネー」「人生の楽しみ」「7つの習慣を実践すること」といった内容が記入してある。「7つの習慣を実践すること」では、今週特に注力する内容を1週間ごとにローテーションしていく。

「生活のバランスをとろうと思うのであれば、この一週間コンパスを日々に生かし、実践するだけで結果は全く違います」と吉田さんは語る。

吉田さんは、『7つの習慣』の中でも、第一の習慣の「刺激と反応の間には、選択するというスペースがある」という考え方が好きだという。また、マラウィのある家に行ったときに、とても印象に残っている言葉があるという。

「壁に『Life is like a cup of tea how you make it!』と書いてありました。まさに〝人生は、自分でつくることができるものであり、人生をどう過ごすかはすべてその人のものである〟と思っています。そういった考え方を、このフランクリン・プランナーは支援してくれます」

おわりに

この本の中でも紹介しているように、ユニークなアイデアやフランクリン・プランナーの驚くような活用方法は、ユーザーの皆様から教えていただくことがとても多い。しかも例外なく独自の「タイム・マネジメント」「ライフ・マネジメント」についての考え方をしっかりと持ち、オリジナリティあふれる手法を考え出し、実践されている。ユーザーの方を取材するたびに感じることだ。

そういったアイデアを惜しげもなく開示いただいた皆様には、感謝するばかりだ。改めてこの場を借りてお礼申し上げたい。

またこのような、独自の手法を実践される方々に共通するのは、「自分自身で現状を何とか改善したい」「将来に向かって自分の夢を実現したい」「ビジネスで成功し、充実した人生を送りたい」「自分自身の本来の幸福をつかみたい」といった強い気持ちをお持ちだということだ。そういった気持ちがなければ、手段としてのツールも本当の意味で生きた活用にはならないのだろう。

本書は、そのようなユーザーの方々の協力も得ながら、ビジネスに成功するための「フランクリン・プランナー」活用術をまとめたものである。

昨今、ビジネスの成功とは、金銭のみを目的としたものが増え、ネットを駆使した新たなビジネスモデルや高度な金融知識を活用した練金術などとともに語られることも多い。しかし、そういったプロセスからの成功は、長期的な、本当に自分自身が納得したうえで獲得する成功と、結果的にかけ離れていることも少なくない。

「ビジネスに成功する」といっても、「自分自身が本当に納得し、取り組めるビジョンや目標を設定し、それに対し計画を立て確実に実行する」という原則に変わりはない。むしろ、より強調されているかもしれない。

これまで一度でも、フランクリン・プランナーあるいはフランクリン・コヴィー社のセミナーや書籍に触れたことがある方はお気づきだと思うが、お伝えした内容の半分近くを占めるのが、強い「目的意識」の醸成だ。

今回は「コントリビューション・ステートメント」という形で表現することをお勧めしたのだが、表現は何であれ、自分の目的を手帳に「書く」ことからすべての第一歩が始まるといってもいい。

フランクリン・プランナーが、あなたのビジネスの成功、人生の成功への第一歩を手助けすることができれば幸いである。

2007年10月

フランクリン・コヴィー・ジャパン株式会社

フランクリン・コヴィー・ジャパン株式会社について

フランクリン・コヴィー・グループは、企業および個人の皆様向けに、パフォーマンス向上のための教育サービスを提供し、リーダーシップ能力や生産性、コミュニケーション能力、そして業績を効率的に改善するお手伝いをしています。米国ユタ州の本社を中心とし、世界39ヵ国において展開される活動は、企業はさることながら、政府機関、各種団体、学校、個人にも広く支持されています。

米国の『Fortune』誌が指定する最優良企業上位100社のうち80社、同じく500社の4分の3以上が名を連ね、他多数の中小企業や政府機関なども含まれています。フランクリン・プランナーの愛用者が全世界で2100万人を超えているという事実は、何よりも当社の概念とツールの効果性を物語っています。

フランクリン・コヴィー・ジャパン株式会社はフランクリン・コヴィー社の日本における拠点として、公開コース、講師派遣コース、社内講師養成コースなどの各種セミナーやコンサルティング、フランクリン・プランナーおよび書籍を日本の顧客に紹介し、小売店やカタログによる販売事業を推進しています。

日本におけるフランクリン・コヴィー社の活動は、当初より熱烈な支持をいただいてきました。現在、当社のコースを社内研修プログラムとして取り入れている法人顧客数は数千社に上ります。その内訳は多彩で、大企業から中小企業、日系企業から外資系企業、官公庁、さらに在日米軍なども含まれています。

トレーニングに関するお問い合わせ
◆03-3264-7401
フランクリン・プランナーに関するお問い合わせ
◆0120-011-1776

フランクリン・プランナーの使い方に関するアイデアを募集

本書でご紹介したようなフランクリン・プランナーの使い方を募集します。フランクリン・プランナーを使い始めたきっかけや、私はこう使っている、あるいは、こう使えば便利といったチップスなどをお寄せください。

キングベアー出版　「ビジネスは手帳で変わる」係
〒102-0083　東京都千代田区麹町3-3　丸増麹町ビル7階
e-mail：Planner@franklincovey.co.jp

付録

コントリビューション・ステートメント

あなたがしなければならないことは何か

あなたができること、影響を与えることができることは何か

あなたが心の底からやりたいことは何か

あなたを突き動かすものは何か

あなたのコントリビューション・ステートメント

コントリビューション・ステートメント

あなたがしなければならないことは何か

あなたができること、影響を与えることができることは何か

あなたが心の底からやりたいことは何か

あなたを突き動かすものは何か

あなたのコントリビューション・ステートメント

ビジョン・ステートメント

あなたには何が実現できるだろうか？

あなたの能力と、パートナーと協力し合い相乗効果が発揮された場合、何が実現できるだろうか？

あなたの可能性を広げる領域はどこだろうか？

あなたのビジョン・ステートメント

ビジョン・ステートメント

あなたには何が実現できるだろうか？

あなたの能力と、パートナーと協力し合い相乗効果が発揮された場合、何が実現できるだろうか？

あなたの可能性を広げる領域はどこだろうか？

あなたのビジョン・ステートメント

価値観行動表

証　拠	会社の価値観	個人的行動項目

価値観行動表

証　拠	会社の価値観	個人的行動項目

リソース・マップ

リソース・マップは、あなたに今まで思いもつかなかった資源があることに気づかせ、障害を克服し、あなたの目標達成をサポートするためのツールです。中央の円にあなたの目標を書き、4つの資源カテゴリーに沿ってブレーン・ストーミングしてみましょう。

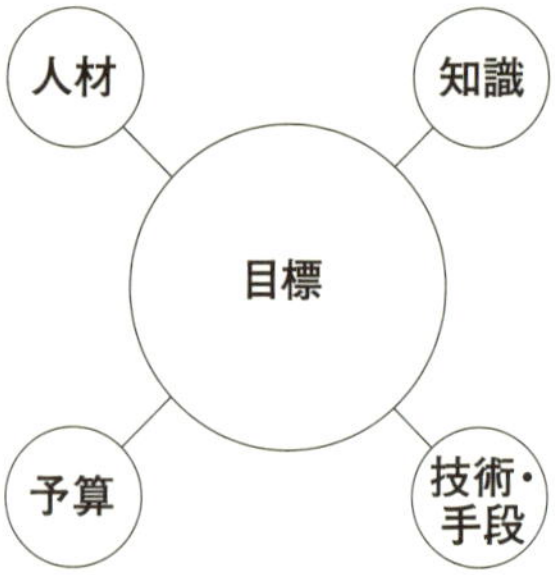

リソース・マップ

リソース・マップは、あなたに今まで思いもつかなかった資源があることに気づかせ、障害を克服し、あなたの目標達成をサポートするためのツールです。中央の円にあなたの目標を書き、4つの資源カテゴリーに沿ってブレーン・ストーミングしてみましょう。

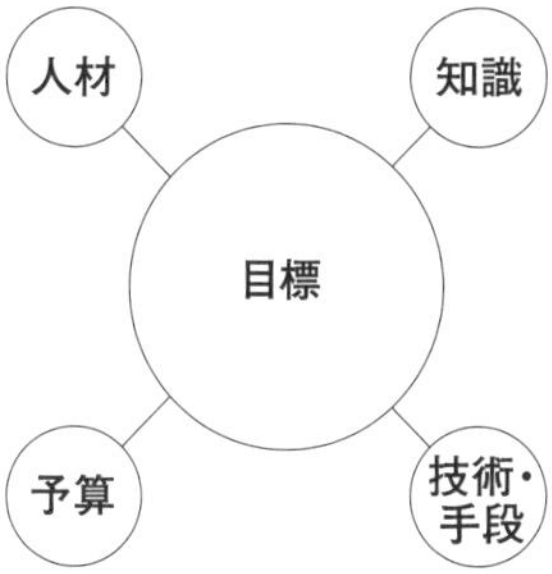

プロジェクト・プランナー
Project Planner

プロジェクト名

開始日

目標完了日　　　完了日

プロジェクト定義（何を、いつ、どこで）

望む結果

資源（人員、設備、備品等）	連絡先（電話やEメール）

予算	予測 ¥	予測 時間	実績 ¥	実績 時間

プロジェクト・プランナー
Project Planner

プロジェクト名 ____________________

開始日 ____________________

目標完了日 ____________________ 完了日 ____________________

プロジェクト定義（何を、いつ、どこで）

望む結果

資源（人員、設備、備品等）	連絡先（電話やEメール）

予算	予測 ¥	予測 時間	実績 ¥	実績 時間

作成者:　　　　作成日:

	開始日:	目標完了日:	完了日:
	制約条件:		
	予想される障害と対処法:		

予算		メモ
予定	実績	

プロジェクト・タスク・マップ
Project Task Map

プロジェクト名:

定義:

期待される結果・目指す状態:

チェック	優先順位ABC	課題・タスク	担当者	開始日	目標完了日

作成者:　　更新日:

開始日:	目標完了日:	完了日:

制約条件:

予想される障害と対処法:

1ヶ月め	2ヶ月め	3ヶ月め	現在起きている問題

プロジェクト・タイムテーブル
Project Timetable

プロジェクト名:
定義:
期待される結果・目指す状態:

チェック	優先順位 ABC	課題・タスク	担当者	開始日	目標完了日	完了日	予算	
							予定	実績

プロジェクト・チーム・アサインメント
Project Team Assignments

プロジェクト名：		記入者：
開始日：	目標完了日：	完了日：

委託先																		
課題・タスク	期日	時間	チェック	期日	時間	チェック	期日	時間	チェック	期日	時間	チェック	期日	時間	チェック	期日	時間	チェック

プロジェクト・チーム・アサインメント
Project Team Assignments

プロジェクト名：		記入者：
開始日：	目標完了日：	完了日：

委託先																		
課題・タスク	期日	時間	チェック	期日	時間	チェック	期日	時間	チェック	期日	時間	チェック	期日	時間	チェック	期日	時間	チェック

ミーティング・プランナー
Meeting Planner

日付：

会議名：

目的：

達成事項：

場所：

形式：　　　書記：

ファシリテーター：　　　タイムキーパー：

責任者：

予定時間			実際の時間			会議費用
開始	終了	所要時間	開始	終了	所要時間	

出席者：　　　合計

1			
2			
3			
4			
5			
6			
7			

課題

1		
2		
3		
4		
5		
6		
7		
8		
9		
10		
11		
12		
13		

ミーティング・プランナー
Meeting Planner

日付：

会議名：

目的：

達成事項：

場所：

形式：　　　　書記：

ファシリテーター：　　　　タイムキーパー：

責任者：

予定時間			実際の時間			会議費用
開始	終了	所要時間	開始	終了	所要時間	

出席者：

			合計
1			
2			
3			
4			
5			
6			
7			

課題

1		
2		
3		
4		
5		
6		
7		
8		
9		
10		
11		
12		
13		

参考文献

『7つの習慣　成功には原則があった!』スティーブン・R・コヴィー著　キングベアー出版
『第8の習慣　「効果」から「偉大」へ』スティーブン・R・コヴィー著　キングベアー出版
『PQ　プロジェクト・マネジメントの探究』G・リン・スニード／ジョイス・ワイコフ著　キングベアー出版
『成功するセールスの原則　ORDER』マハン・カルサー著　キングベアー出版
『人生は手帳で変わる―第4世代フランクリン・プランナーを使いこなす』フランクリン・コヴィー・ジャパン編著　キングベアー出版
『図解　第4世代手帳が人生を変える(Vol.1/Vol.2)』フランクリン・コヴィー・ジャパン編著　キングベアー出版
『会社人間が会社をつぶす―ワーク・ライフ・バランスの提案』パク・ジョアン・スックチャ著　朝日新聞社
『夜と霧―ドイツ強制収容所の体験記録』V・E・フランクル著　みすず書房

ビジネスは手帳で変わる〜一冊の手帳がビジネスを成功へ導く!

2007年10月25日　初版第一刷発行
編著者　　フランクリン・コヴィー・ジャパン
装　丁　　池田幹史
イラスト　金子典生
発行者　　竹村富士徳
発行所　　キングベアー出版
〒102-0083　東京都千代田区麹町3-3
　　　　　　丸増麹町ビル7階
電話：03-3264-7403(代表)
URL：http://www.franklincovey.co.jp/
e-Mail：planner@franklincovey.co.jp

印刷・製本　大日本印刷株式会社

ISBN9784-906638-64-2